Sören-Kristian Berger

Die wichtigsten digitalen Tools Geographie

Sinnvolle Einsatzmöglichkeiten für Apps und Webtools

Cornelsen

Autor:
Sören-Kristian Berger ist Lehrer für die Fächer Geographie, Spanisch und Informatik sowie Koordinator für digitales Lernen & Unterrichtsentwicklung am Gymnasium Heidberg in Hamburg-Langenhorn. Er ist Mitherausgeber der fachdidaktischen Praxiszeitschrift „geographie heute" und regelmäßig in der Lehrkräftefortbildung tätig.

Alle aufgeführten Systeme und Tools stellen nur Beispiele für die Unterrichtsgestaltung dar. Bitte stimmen Sie sich mit Ihrer Schulleitung dazu ab, welche Systeme oder Tools an Ihrer Schule im Rahmen der Unterrichtsgestaltung genutzt werden dürfen.

Projektleitung: Dorothee Weylandt, Berlin
Redaktion: Katia Simon, Essen
Umschlaggestaltung: Corinna Babylon, Berlin
Illustrationen (Cover): Shutterstock.com/karnoff
Layout: krauß-verlagsservice, Ederheim/Hürnheim
Technische Umsetzung: Compuscript Ireland and Chennai

www.cornelsen.de
1. Auflage 2024

Druck: H. Heenemann, Berlin
ISBN 978-3-589-16948-1

INHALT

EINLEITUNG

Die Digitalisierung hat in vielen Bereichen unseres gesellschaftlichen Zusammenlebens zu einem digitalen Wandel geführt. Nicht erst seit der Corona-Pandemie hat dieser umfassende digitale Wandel auch Schule und Unterricht erfasst. Und gerade der Geographieunterricht, der sich seit jeher durch eine hohe Medien- und Methodenintensität auszeichnet, eignet sich hervorragend, um neue Formen des Lernens und der Zusammenarbeit mithilfe von Apps und anderen digitalen Tools zu erproben und zu etablieren. Ziel der vorliegenden Lehrerhandreichung ist es daher, eine möglichst umfangreiche Sammlung von Apps und anderen digitalen Tools zusammenzustellen, die sich für den Einsatz im Geographieunterricht eignen. Sie soll die vielfältigen Einsatzmöglichkeiten von digitalen Werkzeugen und Apps im Geographieunterricht aufzeigen und Lust auf deren Nutzung machen.
Das Inhaltsverzeichnis verdeutlicht die Vielfalt der vorgestellten Tools. Neben fachspezifischen Anwendungen, bei denen beispielsweise die Erstellung eigener Karten oder die Nutzung von Satellitenbildviewern im Vordergrund stehen, werden auch Tools vorgestellt, die sich für den fachübergreifenden Einsatz eignen. Hier stehen u. a. das kollaborative Arbeiten und die Erstellung digitaler Produkte im Vordergrund.
Jedes Tool wird auf einer Doppelseite kurz und prägnant vorgestellt. Neben den wichtigen Hinweisen zu den technischen Voraussetzungen und den gerade für den schulischen Einsatz wichtigen Informationen zum Datenschutz stehen vor allem die konkreten Unterrichtsideen im Mittelpunkt des Buches.
Dabei war es dem Autor wichtig, dass es sich nicht um eine bebilderte Klickanleitung handelt, sondern dass die konkreten Einsatzmöglichkeiten im Vordergrund stehen. Auf einen Blick soll schnell erkennbar sein, für welche Themen des Geographieunterrichts sich der Einsatz lohnen kann. Deshalb werden zu jedem Tool auch immer beispielhafte Einsatzmöglichkeiten genannt, auf deren Grundlage hoffentlich weitere eigene Ideen generiert werden können.
Bei technischen Fragen zu einem Tool sei an dieser Stelle darauf hingewiesen, dass es mittlerweile sehr gute und frei verfügbare Anleitungen im Internet gibt und zu fast jedem Tool ein (Video-)Tutorial online verfügbar ist. Diese helfen beim konkreten Einsatz im Unterricht. Das vorliegende

Buch gibt erste Anregungen und macht Lust auf den Einsatz im Unterricht sowie die weitere Beschäftigung mit dem Thema.
Die technische Infrastruktur an deutschen Schulen ist nach wie vor sehr heterogen. Deshalb wurde bei der Auswahl der digitalen Tools darauf geachtet, dass sie auf unterschiedlichen Geräten funktionieren. Der Großteil der Sammlung funktioniert browserbasiert und ist somit unabhängig von der individuellen Geräteausstattung an der Schule einsetzbar. Ebenso wurde darauf geachtet, dass nur kostenlose Tools vorgestellt werden. Die meisten dieser Tools funktionieren ohne Registrierung. Damit wird die Hemmschwelle für die Nutzung bewusst niedrig gehalten.
Bei allen Schwierigkeiten, Fragen und Unklarheiten bezüglich der technischen Infrastruktur gibt es bei der Einführung digitaler Werkzeuge in den Geographieunterricht zunächst nur ein Ziel: anfangen! Lassen Sie sich auf Neues ein. Probieren Sie die vorgeschlagenen Apps und anderen digitalen Tools aus. Trauen Sie sich, diese mit Ihren Schülerinnen und Schülern einzusetzen. Der Autor hat gute Erfahrungen damit gemacht, die Einführung eines neuen Tools und die ersten Schritte damit offen in der Klasse zu thematisieren. Gehen Sie gemeinsam mit Ihren Schülerinnen und Schülern neue Wege, reflektieren Sie am Ende der Einheit den Einsatz der (neuen) digitalen Werkzeuge. Eine offene und gelebte Feedbackkultur ist hier wichtig, um gemeinsam neue Möglichkeiten des Unterrichtens auszuprobieren. Von dieser Transparenz und Offenheit kann (Geographie-)Unterricht nur profitieren.
Wichtig bei der Auswahl der Tools war, dass das Lernen und nicht das Lehren im Vordergrund steht. Natürlich eignen sich einige Tools für den zentralen Einsatz am Smartboard durch die Lehrkraft, der Großteil der Tools ist jedoch für den schülerorientierten Einsatz gedacht.
Die vorgestellten Tools können Kreativität und Medienkompetenz fördern, zur Kommunikation anregen, Perspektivwechsel ermöglichen und eine Produktorientierung fördern. Denn es ist wichtig, dass es sich beim Einsatz digitaler Werkzeuge im Unterricht nicht um eine bloße Digitalisierung des bisherigen analogen Unterrichts handelt. Unser Ziel sollte nicht ein digitaler Geographieunterricht um jeden Preis sein. Vielmehr sollten wir uns fragen, welche neuen Möglichkeiten und Potenziale diese Werkzeuge für das Lernen insgesamt bieten. In dieser Toolsammlung mit konkreten Praxisbeispielen und Unterrichtsideen werden daher zahlreiche Tools, Apps, Websites und digitale Spiele vorgestellt, mit deren Hilfe ein zeitgemäßer und schüler-

orientierter Geographieunterricht unter den Bedingungen des digitalen Wandels gelingen kann.

Noch ein Hinweis zum Datenschutz

Alle vorgestellten Apps und Tools wurden mit größter Sorgfalt ausgewählt und selbst ausprobiert. Gerade im digitalen Zeitalter ändern sich Verfügbarkeiten, Datenschutzeinstellungen oder auch plötzlich auftauchende Bezahlschranken jedoch sehr schnell. Bitte prüfen Sie daher im Zweifelsfall selbst, welche datenschutzrechtlichen Bedingungen in Ihrem Bundesland gelten und welche Vorgaben Ihre Schule macht. Generell sollte im Umgang mit Schülerinnen und Schülern so datensparsam wie möglich gearbeitet werden. Vermeiden Sie daher Anwendungen, bei denen die Schülerinnen und Schüler einen eigenen Account benötigen. Oft gibt es alternative Anwendungen, bei denen nur die Lehrkraft einen Account benötigt oder sogar Anwendungen, die völlig offen arbeiten (siehe die meisten der hier vorgestellten Apps und anderen digitale Tools).
Aber auch wenn keine Anmeldung erforderlich ist, sollten Sie die Schülerinnen und Schüler sensibilisieren, niemals Vor- und Nachnamen oder andere persönliche Daten in den Anwendungen zu verwenden. Nutzen Sie Abkürzungen, nur den Vornamen oder sogar Synonyme.

Ich wünsche Ihnen viel Spaß beim Lesen dieses Leitfadens und viel Erfolg bei der Nutzung und Integration der zahlreichen digitalen Werkzeuge in Ihren Geographieunterricht.

Sören-Kristian Berger

1 INTERAKTIVE KARTEN

1.1 Ventusky

Ziele/Kompetenzen

Die Schülerinnen und Schüler …

- aktivieren ihr Vorwissen, indem sie die wesentlichen natürlichen Klimafaktoren (geographische Breite, Entfernung vom Ozean usw.) verstehen und unterscheiden.
- beschreiben das Wetter an einem bestimmten Ort unter Zuhilfenahme unterschiedlicher Klimaelemente (Temperatur, Niederschlag, Luftdruck usw.).
- erkunden den Zusammenhang zwischen den Klimafaktoren und der Ausprägung des Wetters bzw. (Mikro-)Klimas.

Einsatzmöglichkeiten

- Einstieg in unterschiedliche klimatische Themen wie Unterscheidung von ozeanischem und kontinentalem Klima, Wüstenklima usw.
- (Langzeit-)Temperaturmessungen an unterschiedlichen Orten
- Untersuchung der globalen Einteilung in einzelne Klimazonen
- Beobachtung des Jahreszeitenwechsels
- Beobachtung (auch nachträglich) von Wetterphänomenen und Wettereignissen, Auswirkungen der Beleuchtungszonen auf Wetter und Klima

Verwendungshinweise

- Über die Website von ventusky.com können Sie das Tool aufrufen.
- Ventusky kann zentral durch die Lehrkraft zur Präsentation oder durch die Schüler/-innen aktiv und entdeckend eingesetzt werden.
- Wenn mobile Endgeräte vorhanden sind, ist auch die Verwendung der gleichnamigen App möglich.

Vorbereitung und Hinweise zum Datenschutz

- Es ist keine Anmeldung erforderlich.
- Diese webbasierte Anwendung erfordert keinen separaten Download und funktioniert flexibel auf allen (auch mobilen) Geräten.

Sozialform(en)	Stufe
Plenum, Einzel-, Partner- und Gruppenarbeit	Alle Jahrgangsstufen

Beschreibung

Die Website von ventusky.com bietet eine animierte globale Wetterkarte, mit deren Hilfe sich für jeden Ort der Erde das Wetter in Echtzeit anzeigen lässt.
Neben einer konkreten Ortssuche am oberen Bildrand können die Schüler/-innen sich auch mithilfe der Maus frei auf der Karte bewegen und nach Orten suchen. Auf der linken Seite können sie aus unterschiedlichen Klimaelementen wie z. B. der Temperatur, dem Niederschlag, der Bewölkung oder der Luftfeuchtigkeit auswählen. Je nach Darstellung können sie jeweils ein Klimaelement auf einer interaktiven Karte betrachten. Auf der rechten Seite befindet sich eine Legende, die sich je nach gewähltem Klimaelement automatisch anpasst. Die einzelnen Daten können auch bequem per Mouse-over-Effekt (der Cursor zeigt beim Bewegen über die Karte die jeweiligen Daten) und damit punktgenau dargestellt werden. Die gewählte Farbgebung ist je nach Auswahl des jeweiligen Klimaelements sehr übersichtlich gestaltet und die Bedienung sehr intuitiv möglich. Die Schülerinnen und Schüler haben daher auch bei erstmaliger Anwendung dieser Webapp üblicherweise keine Schwierigkeiten.
Am unteren Rand der Website befindet sich eine Zeitleiste. Hier kann die globale Wettersituation nachträglich oder für eine begrenzte Zeit auch in der Zukunft vorhergesagt werden. Mit dieser Funktion lassen sich z. B. auch Großwetterereignisse nachträglich darstellen. Zudem kann hier das Zusammenspiel der einzelnen Klimaelemente untereinander untersucht werden.

ÄHNLICHE TOOLS

- Windy.com
- earth wind map
- IQAir Earth

1.2 Geo-Werkzeug Klimawandel

Ziele/Kompetenzen

Die Schülerinnen und Schüler …

- erkunden die weltweiten Auswirkungen der globalen Erwärmung.
- lesen und vergleichen unterschiedliche Klimadiagramme.
- erkennen die wechselseitigen Beziehungen zwischen unterschiedlichen Sphären.

Einsatzmöglichkeiten

- Ursachen und Auswirkungen des Klimawandels erfassen
- Klimadiagramme lesen und vergleichen
- Regionale Besonderheiten im Kontext der globalen Erwärmung untersuchen

Verwendungshinweise

- Über die Website von geo.lmz-bw.de → Digitale Geomedien → Geo-Werkzeuge → Klimawandel können Sie das Tool aufrufen.
- Das Geowerkzeug Klimawandel ist eine webbasierte Anwendung.
- Sie kann zentral durch die Lehrkraft zur Präsentation oder durch die Schüler/-innen aktiv und entdeckend eingesetzt werden.

Vorbereitung und Hinweise zum Datenschutz

- Diese webbasierte Anwendung erfordert keinen separaten Download und funktioniert flexibel auf allen (auch mobilen) Geräte.
- Die Klasse sollte Klimadiagramme bereits lesen und analysieren können.

Sozialform(en)	Stufe
Plenum, Einzel- oder Partnerarbeit	Ab Jahrgangsstufe 7

Beschreibung

Das Redaktionsteam des Geo-Portals des Landesmedienzentrums Baden-Württemberg hat ein Tool entwickelt, mit dem sich zahlreiche Klimadaten weltweit auf der Basis von 5.300 verschiedenen Klimastationen vergleichen lassen. Für jede Station stehen vier verschiedene Klimadiagramme aus

unterschiedlichen Zeiträumen zur Verfügung, sodass Veränderungen gut nachvollzogen werden können. Die Klimadiagramme bzw. die Standorte der Messstationen sind auf der interaktiven Weltkarte verlinkt und können von den Schülerinnen und Schülern schnell individuell erkundet werden.
Darüber hinaus bietet das Tool umfangreiche Analysemöglichkeiten, die es den Lernenden erlauben, eigenen Fragestellungen nachzugehen. So können beispielsweise lokale Veränderungen des Niederschlags oder der Temperatur in Diagrammen visualisiert und analysiert werden. Der Zeitraum ist dabei frei wählbar. Über die Ortssuche können Stationen in der Nähe eines frei wählbaren Ortes innerhalb eines bestimmten Suchradius ausgewählt werden. Eine weitere Möglichkeit besteht darin, durch die Angabe von Höhenmetern, der gewünschten Jahresmitteltemperatur oder der Niederschlagssumme bestimmte Stationen aus den Stationen herauszufiltern. Wie auch bei anderen digitalen Kartenanwendungen können Sie die Hintergrundkarte mithilfe von Layern individuell anpassen.

TIPPS

- Innerhalb des Geoportals kann eine umfangreiche Handreichung heruntergeladen werden, die in die Nutzung dieses Tools einführt.
- Weitere empfehlenswerte Geowerkzeuge des LMZ Baden-Württemberg:
  - Geo-Werkzeug Bevölkerung
  - Geo-Werkzeug Windparks
  - Geo-Werkzeug Höhenlinien
  - Geo-Werkzeug Wetter
  - Geo-Werkzeug Geomorphologie

ÄHNLICHE TOOLS

- Bildungsserver Wiki Klimawandel:Portal
- Geosphäre Austria Informationsportal Klimawandel
- Es gibt mittlerweile zahlreiche Informationsportale zu den Auswirkungen des Klimawandels, die einen regionalen Fokus haben. Hier lohnt sich die Recherche für die Region des eigenen Schulstandort z. B. Hamburg Klimainformationssystem

1.3 NASA Earth Observatory

Ziele/Kompetenzen

Die Schülerinnen und Schüler …

- werden in ihrer Methodenkompetenz gefördert.
- verwenden Methoden der Fernerkundung.
- erkennen die raum-zeitlichen Veränderungen auf globalen Satellitenbildern.

Einsatzmöglichkeiten

- Satellitenbildauswertung
- Projektarbeit
- Inspiration für Projektarbeit
- Differenzierungsmöglichkeit/innere Differenzierung

Verwendungshinweise

- Über die Website von earthobservatory.nasa.gov → Global Maps können Sie das Tool aufrufen.
- Es ist eine webbasierte Anwendung.
- Sie kann zentral durch die Lehrkraft zur Präsentation oder durch die Schüler/-innen aktiv und entdeckend eingesetzt werden.

Vorbereitung und Hinweise zum Datenschutz

- Es ist keine Anmeldung erforderlich.
- Die meisten Bilder können unter Angabe der NASA als Urheberin frei verwendet und veröffentlicht werden. Lediglich die wenigen Bilder, die mit einem Copyright versehen sind, fallen nicht unter die frei lizenzierten Bilder.

Sozialform(en)	Stufe
Plenum, Einzelarbeit	Ab Jahrgangsstufe 9

Beschreibung

Wer auf der Suche nach guten Satellitenbildern der Erde ist, wird auf der Website des „NASA Earth Observatory"-Projektes fündig. Hier werden zum

Beispiel hochaktuelle Bilder wie die Überschwemmungen in Libyen und Griechenland im Herbst 2023 anschaulich dargestellt.
Diese Satellitenbilder sind in verschiedene Themenbereiche eingeteilt und können sowohl thematisch als auch zeitlich durchsucht werden. Besonders interessant sind neben den Satellitenbildern sicherlich die Global Maps. Hier finden sich globale Satellitenbilder, die über einen längeren Zeitraum animiert wurden, sodass z. B. raum-zeitliche Entwicklungen wie Wolkenbedeckung, Oberflächentemperatur und Ausbreitung von Bränden, Vegetationsverteilung und Schneebedeckung auf einer interaktiven Karte betrachtet werden können. Interessant ist, dass diese Animationen abgespielt und angehalten oder als Mov-Datei heruntergeladen werden können. Thematisch passende Karten und weiterführendes Material ist an den entsprechenden Stellen verlinkt.
Die Seite ist gut geeignet, auch von Schülerinnen und Schülern selbstständig erkundet zu werden. Ausgehend von den vielen gut gemachten Kartenvisualisierungen lassen sich spannende Fragen für den Geographieunterricht ableiten und ganze Unterrichtseinheiten planen. Dies bietet sich ebenso als Ausgangspunkt für projektorientiertes Lernen an.
Neben den hier beschriebenen Satellitenbildern und Weltkarten gibt es auf dieser Seite noch weitere Möglichkeiten: So können in einer Art Datenbank bzw. Archiv verschiedene Berichte, Erläuterungen und Informationen zu zahlreichen geographischen Themen recherchiert werden. Auf einem Blog werden weitere Neuigkeiten rund um das Thema Erde veröffentlicht.

TIPPS

Etablieren Sie in ihrem Geographieunterricht zu Beginn jeder Stunde anhand der Satellitenbilder kurz über aktuelle Geschehnisse auf der Welt zu sprechen. Dieses Vorgehen fördert die Allgemeinbildung, schult in der Auswertung von Satellitenbildern und stärkt den Aktualitätsbezug des Unterrichts.

ÄHNLICHE TOOLS

- ESA – European Space Agency
- Sentinel Online

2.1 Google Earth (Web)

Ziele/Kompetenzen

Die Schülerinnen und Schüler …

- lokalisieren Orte.
- vermessen Strecken und Flächen.
- erkunden Städte und unbekannte Orte.

Einsatzmöglichkeiten

- Planung, Vor- oder Nachbereitung einer Exkursion
- virtuelle Exkursionen durchführen
- funktionale Gliederung einer Stadt kartieren
- eine Reise durch unterschiedliche Klimazonen durchlaufen
- aktuelle Raumbeispiele aus dem Unterricht verorten

Verwendungshinweise

- Über die Website von earth.google.com können Sie das Tool aufrufen.
- Es funktioniert auch ohne einen Account bei Google.
- Die Menüführung ist übersichtlich gehalten und der Gebrauch funktioniert intuitiv.
- Die Qualität der verwendeten Satellitenbilder kann von Region zu Region unterschiedlich sein.

Vorbereitung und Hinweise zum Datenschutz

- Es ist keine Anmeldung erforderlich.
- Prüfen Sie vorab, ob das, was Sie mithilfe von Google Earth zeigen wollen, auch dargestellt werden kann bzw. ob die Qualität der Satellitenbilder ausreichen ist.

Sozialform(en)	Stufe
Plenum, Einzel- und Partnerarbeit	Ab Jahrgangsstufe 7

Beschreibung

Google Earth gehört sicherlich zu den bekanntesten digitalen Werkzeugen im Geographieunterricht und hat sich längst etabliert. Viele Geographieleh-

rerinnen und -lehrer werden diese Anwendung bereits im Unterricht eingesetzt haben. Dennoch lohnt es sich, einen Blick auf die aktuelle Webanwendung von Google Earth zu werfen. Im Gegensatz zu früheren Versionen gibt es keine Desktop-Version mehr, die installiert werden muss. Stattdessen läuft Google Earth als Webanwendung im Browser und damit auf jedem Endgerät – auch ohne Google-Account.
Zudem wurde der Funktionsumfang und auch der Detaillierungsgrad der Satellitenbilder in der Vergangenheit stetig erweitert und verbessert. Google Earth selbst wirbt damit, der genaueste Globus der Welt zu sein. Gemeint ist damit, dass man über die Suchfunktion an jeden beliebigen Punkt der Erde fliegen kann. Diese Funktion eignet sich z. B. für die Lokalisierung oder Erkundung neuer Raumbeispiele im Unterricht. Über die Einstellungen kann auch der Kartenstil verändert werden. So kann z. B. nur die Erde dargestellt werden oder es können benutzerdefiniert weitere Details wie Grenzen, Ortsbezeichnungen, Straßen, öffentliche Verkehrsmittel oder Gewässer hinzugefügt werden. Zusätzlich können Fotos von bestimmten Gebieten und Sehenswürdigkeiten aktiviert werden, sodass diese einen ergänzenden Blick auf die ansonsten als Satellitenbild dargestellte Erdoberfläche bieten.
Besonders interessant ist auch die Möglichkeit, die Ansicht in 3D darzustellen. Dies ermöglicht z. B. virtuelle Exkursionen. Viele Städte sind hier sehr gut und detailliert dargestellt. Eine weitere interessante Funktion ist das Tool um Entfernungen und Flächen zu messen, das ebenfalls vielfältige Einsatzmöglichkeiten im Geographieunterricht bietet.

TIPPS

Unter „Ansicht“ können die Gitternetzlinien optional aktiviert werden. Diese Ansicht hilft bei der räumlichen Lokalisierung unbekannter Orte oder bei der Einführung des Gradnetzes im Unterricht.

ÄHNLICHE TOOLS

- Diercke Globus
- Schweizer Weltatlas Virtueller Globus
- Deutscher Wetterdienst Satellitenbilder Europa + weltweit
- EOWEB GeoPortal (Gastlogin möglich)

2.2 Google Earth Projekte

Ziele/Kompetenzen

Die Schülerinnen und Schüler …

- lokalisieren Orte.
- erstellen eine virtuelle Exkursion.
- erstellen eine multimediale Präsentation.
- orientieren sich auf Satellitenbildern.
- vertiefen einführte Inhalte und fassen diese zusammen.
- präsentieren ihre Ergebnisse.

Einsatzmöglichkeiten

- Planung oder Nachbereitung einer Exkursion
- virtuelle Exkursionen durchführen
- geographische Phänomene visualisieren
- Raumbeispiele aus dem Unterricht verorten

Verwendungshinweise

- Über die Website von earth.google.com können Sie das Tool aufrufen.
- Google Earth ist eine webbasierte Anwendung,
- Die Erstellung von Projekten funktioniert auch ohne ein Google-Konto. Dazu können die erstellen Projekte als KML-Datei lokal gespeichert bzw. hochgeladen und erneut bearbeitet werden.
- Der Funktionsumfang ist übersichtlich gehalten und der Gebrauch funktioniert intuitiv.
- Auf der linkten Seite ist im Funktionsumfang das Tool „Projekte" verfügbar.
- Die Lehrkraft kann zu Beginn zentral in das Tool einführen und die Möglichkeiten aufzeigen, indem z. B. ein bestehendes Projekt vorgestellt wird.

Vorbereitung und Hinweise zum Datenschutz

Es ist keine Anmeldung erforderlich.

Sozialform(en)	Stufe
Einzel- und Partnerarbeit	Ab Jahrgangsstufe 7

Beschreibung

Google Earth Projekte ist eine relativ neue Funktion des bestehenden Google Earth Tools (siehe oben). Erstellen Sie ein neues Projekt und wählen Sie zunächst, ob Sie es in Google Drive (in diesem Falle ist ein Google-Account zwingend notwendig) oder als lokale KML-Datei auf Ihrem PC speichern möchten. Geben Sie dem neuen Projekt einen Namen, indem Sie auf das Stift-Symbol klicken. Für den ersten Standort Ihres Projekts klicken Sie anschließend auf „Neues Element" und suchen entweder über die Suchmaske nach dem gewünschten Standort oder fügen manuell eine Ortsmarke hinzu. Wählen Sie dann einen passenden Titel für diesen Ort und klicken Sie auf „Speichern". Auf diese Weise können nacheinander beliebig viele Orte markiert werden, die dann in gewohnter Google-Earth-Manier automatisch virtuell angeflogen werden können. Besonders interessant ist an dieser Stelle, dass jeder ausgewählte Standort mit zusätzlichen Informationen angereichert werden kann. Hier können die Schülerinnen und Schüler in einem Texteditor eigene Texte verfassen und ergänzen. Sie können Fotos hochladen oder sogar YouTube-Videos einbinden. Wird der Standort dann in der virtuellen Exkursion angeflogen, erscheinen diese Informationen übersichtlich am rechten oberen Bildschirmrand. Zusätzlich können die Schülerinnen und Schüler neben einzelnen Punkten auch Linien oder ganze Polygone einzeichnen, um weitere Hinweise im Raum zu geben. Ist das erstellte Projekt fertiggestellt, kann es über den Präsentationsbutton im Vollbildmodus präsentiert werden. Die Google-Earth-Projekttour kann anschließend als KML-Datei exportiert und verschickt oder im zentralen Lernmanagementsystem der Schule gespeichert werden.

TIPPS

Google-Earth-Projekte eignen sich zur Integration und Verlinkung auf der Schulwebsite, um Unterrichtsergebnisse oder Exkursionen einer größeren Öffentlichkeit vorstellen zu können.

ÄHNLICHE TOOLS

- SASPlanet (kostenlose Open-Source-Desktop-Anwendung, Download erforderlich)
- WorldWide Telescope (ähnliche wie Google Earth, nur für den Weltraum)

2.3 Google Earth Engine

Ziele/Kompetenzen

Die Schülerinnen und Schüler …

- werden in ihrer Methodenkompetenz gefördert.
- verwenden Methoden der Fernerkundung.
- erkennen die raum-zeitlichen Veränderungen auf globalen Satellitenbildern.

Einsatzmöglichkeiten

- Raumnutzungskonflikte visualisieren
- Stadtentwicklungsprozesse untersuchen
- Lernen mit Satellitenbildern
- Fernerkundung
- Problemorientierte Raumanalyse

Verwendungshinweise

- Die Webanwendung funktioniert browserbasiert und ist damit unabhängig vom Betriebssystem auf allen Endgeräten nutzbar.
- Über die Website von earthengine.google.com → timelaps können Sie das Tool aufrufen.

Vorbereitung und Hinweise zum Datenschutz

- Es ist keine Anmeldung notwendig.
- Es wird kein Google-Konto vorausgesetzt.

Sozialform(en)	Stufe
Plenum, Einzel- oder Partnerarbeit	Ab Jahrgangsstufe 7

Beschreibung

Google Earth Engine ist eine Anwendung, die es ermöglicht, Satellitenbilder unterschiedlichen Alters direkt hintereinander zu betrachten und zu vergleichen, sodass raum-zeitliche Veränderungen sehr anschaulich dargestellt werden können. Die Daten der Satellitenbilder reichen von 1984 bis 2022, sodass auch sehr aktuelle Veränderungen der Erdoberfläche sichtbar werden. Der Bildausschnitt ist frei wählbar und die Schülerinnen und Schüler können beliebig in die Satellitenbilder hineinzoomen. Sie können die Geschwindigkeit des Schnelldurchlaufs variieren oder bei einem bestimmten Jahr pausieren. Insgesamt stehen 20 interessante sogenannte Zeitrafferaufnahmen zur Verfügung. Dafür wurden besondere Stellen der Erdoberfläche ausgewählt, an denen raum-zeitliche Veränderungen besonders deutlich zu erkennen sind. Beispiele sind die Austrocknung des Aralsees, das Stadtwachstum von Las Vegas, Bewässerungsflächen in Saudi-Arabien, das Flächenwachstum von Dubai oder die Abholzung des tropischen Regenwaldes.

TIPPS

Der Atlas sollte bei der Verwendung dieser Anwendung von den Schülerinnen und Schülern parallel genutzt werden, um die Beispielregionen direkt lokalisieren zu können. Weiterführende Informationen im Atlas können beim Lernprozess hier sehr hilfreich sein.

ÄHNLICHE TOOLS

- Eine vergleichbare Webanwendung mit zahlreichen Satellitenbildern der Erdbeobachtungssatelliten Landsat und Sentinel-2 findet sich bei Esri: World Imagery Wayback.
- Empfehlenswert ist auch das vergleichbare Angebot von Global Climate Change: Images of Change
- Esri: Landsat Lens

2.4 River Runner Global

Ziele/Kompetenzen
Die Schülerinnen und Schüler … - beschreiben den Weg eines Flusses von der Quelle bis zur Mündung in den Ozean. - orientieren sich mithilfe von Satellitenbildern. - stärken ihre Orientierungskompetenz. - bauen ein topographisches Grundwissen auf.
Einsatzmöglichkeiten
- Lokalisierung von Flüssen und Flusssystemen - Untersuchung von Wassereinzugsgebieten und deren naturräumlichen Bedingungen (Boden, Vegetation, Relief)
Verwendungshinweise
- Über die Website von river-runner-global.samlearner.com können Sie das Tool aufrufen. - Es kann zentral durch die Lehrkraft zur Präsentation oder durch die Schüler/-innen aktiv und entdeckend eingesetzt werden.
Vorbereitung und Hinweise zum Datenschutz
Der River Runner Global erfordert keine Anmeldung.

Sozialform(en)	**Stufe**
Plenum, Einzel- oder Partnerarbeit	Ab Klasse 7

Beschreibung

Mit dem Tool River Runner Global kann der Weg eines Regentropfens vom Auftreffen auf die Erdoberfläche bis zu seiner Mündung in den Ozean verfolgt werden. Der Benutzer bzw. die Benutzerin wählt einen beliebigen Punkt auf dem Globus aus, auf den ein imaginärer Wassertropfen fällt. In einem virtuellen Rundflug um die Welt kann dann der Weg dieses Wassertropfens vom gewählten Punkt über kleine Bäche und größere Flüsse bis zur Mündung in ein Binnengewässer oder den Ozean anschaulich verfolgt werden. Die Reise des Wassertropfens kann jederzeit unterbrochen werden.

Unterwegs werden zur besseren Orientierung die Namen der Gewässer eingeblendet. Die Animation kann beliebig oft wiederholt werden. Mit diesem Werkzeug können globale Flusssysteme und deren Einzugsgebiete bis hin zu Wasserscheiden anschaulich vermittelt werden. Soll die Animation später mit der Klasse geteilt werden, kann dies am Ende über den zur Verfügung gestellten Link geschehen. Dieser kann dann per E-Mail weitergeleitet werden. Zusätzliche Informationen wie die zurückgelegte Strecke und die einzelnen durchflossenen Gewässer erhöhen den Lerneffekt. Hier bietet es sich an, zusätzlich einen Atlas zur Hand zu haben, um die eigene räumliche Orientierungs- und Kartenkompetenz der Schülerinnen und Schüler zu fördern.

TIPPS

Die Anwendung ist für den amerikanischen Kontinent optimiert und funktioniert dort am besten. In Europa werden zahlreiche Flüsse als „unidentified river" angezeigt. Dieser Umstand kann wunderbar als Lerngelegenheit genutzt werden. Die Schülerinnen und Schüler können mit einem Atlas ausgestattet die Namen der in der Datenbank fehlenden Flüsse herausfinden und mit einem Klick auf den unbekannten Fluss offiziell in der Anwendung einen Vorschlag einreichen. Auf diese Weise helfen sie dabei die Anwendung zu verbessern.

ÄHNLICHE TOOLS

keine

3.1 MapChart

Ziele/Kompetenzen

Die Schülerinnen und Schüler …
- erstellen eigene Karten.
- benennen die Legende sinnvoll.
- schulen ihre Kartenkompetenz, indem sie einfache Karten gestalten.
- erstellen Datenvisualisierungen in Form von einfachen Karten.

Einsatzmöglichkeiten

Folgende Karten könnten durch die Schülerinnen und Schüler angefertigt werden:
- Differenzierung des HDI
- Bevölkerungsverteilung
- BIP-Verteilung
- regionale Niederschlagsverteilung

Verwendungshinweise

- Über die Website von mapchart.net können Sie das Tool aufrufen.
- Es läuft browserbasiert unabhängig vom Endgerät. Eine mobile Nutzung auf dem Smartphone oder dem Tablet ist also auch möglich.
- Die mit dieser Website erstellten Karten stehen unter einer Creative Commons 4.0 Lizenz und können damit problemlos in anderen Kontexten zum Beispiel auf der Website der eigenen Schule, in Facharbeiten oder integriert in anderen Apps verwendet werden.

Vorbereitung und Hinweise zum Datenschutz

Die webbasierte Anwendung kann ohne Anmeldung genutzt werden.

Sozialform(en)	Stufe
Einzel- oder Partnerarbeit	Ab Jahrgangsstufe 5

Beschreibung

Mapchart.net ist eine Website zur einfachen Erstellung von Karten. Die Seite und die Funktionen sind bewusst einfach gehalten, sodass in nur drei

Schritten eine professionell aussehende Karte erstellt werden kann. Zunächst wählen die Schülerinnen und Schüler aus einer großen Anzahl vorgefertigter Karten aus. Dies können Weltkarten sein, die nur die Kontinente darstellen, aber auch verschiedene Staaten bis hin zu Bundesländern oder Regionen eines Landes. Hier gibt es bereits eine große Auswahl an vorgefertigten Karten, aus denen frei gewählt werden kann. Mit einem Klick auf ein Land oder eine Region wird dann die gewünschte Region in einer bestimmten Farbe eingefärbt und gleichzeitig kann die Legende auf der linken Seite angepasst werden. Wiederholt man diesen Vorgang, bis alle Informationen in der Karte enthalten sind, kann die Karte in einem dritten Schritt als hochauflösendes Bild exportiert werden. Dabei können weitere Einstellungen, wie die Änderung des Bildformats oder der Bildgröße, vorgenommen werden.

ÄHNLICHE TOOLS

- StepMap
- Snazzy Maps

3.2 MapMaker

Ziele/Kompetenzen

Die Schülerinnen und Schüler …

- schulen ihre Kartenkompetenz, indem sie einfache Karten gestalten.
- schulen ihre räumliche Orientierung, indem sie beim Erstellen der Karte Signaturen an passender Stelle platzieren.
- erstellen Datenvisualisierungen in Form von einfachen Karten.

Einsatzmöglichkeiten

Potenzielle Kartenthemen:

- Plattentektonik
- Raumnutzungskonflikte
- Konflikte
- Bevölkerungsdichten
- Niederschlagsverteilungen

Verwendungshinweise

- Über die Website von mapmaker.nationalgeographic.org können Sie das Tool aufrufen.
- Der Funktionsumfang ist übersichtlich gehalten und der Gebrauch funktioniert intuitiv.

Vorbereitung und Hinweise zum Datenschutz

- MapMaker ist eine webbasierte Anwendung, die keine Anmeldung erfordert.
- Bei jüngeren Klassen können Sie zu Beginn zentral in das Tool einführen und die Möglichkeiten aufzeigen.

Sozialform(en)	Stufe
Plenum, Einzelarbeit	Ab Jahrgangsstufe 7

Beschreibung

MapMaker ist ein relativ neues Kartenwerkzeug, das in Zusammenarbeit mit Esri entstanden ist. Es gibt bereits viele vorgefertigte Karten, z. B. zur Ausdehnung des Meereises oder zur Plattentektonik. Die interessanteste

Funktion ist jedoch, dass Schülerinnen und Schüler relativ einfach eigene Karten erstellen können. Dazu wählen sie zunächst aus verschiedenen Basiskarten z. B. eine physische Karte, OpenStreetMap, eine topographische Karte aber auch Satellitenbilder als Basiskarte aus und optimieren diese. Anschließend können sie benutzerdefinierte Layer hinzufügen und dabei aus einer Vielzahl von vorgefertigten Layern wählen, die unter anderem die Verkehrsinfrastruktur, verschiedene Naturgefahren, Bevölkerungsdichte, Oberflächentemperaturen, Niederschlagsverteilung, Lichtverschmutzung oder den Entwicklungsstand eines Landes darstellen. Es gibt noch viele weitere interessante Informationen. Dabei können die Schülerinnen und Schüler aus verschiedenen Kategorien auswählen. Weitere Kartenwerkzeuge, wie zum Beispiel zum Messen einer Strecke oder eines Höhenprofils oder zum schnellen Skizzieren auf einer Karte, bieten weitere Möglichkeiten, die Karte zu personalisieren. Hierbei können die Schülerinnen und Schüler frei Hand zeichnen oder vorgefertigte Linien und Flächensignaturen individuell einfügen. Abschließend können die Schülerinnen und Schüler zwischen einer 2D- oder 3D-Darstellung wählen und das fertige Produkt als PDF oder Screenshot exportieren und speichern.

ÄHNLICHE TOOLS

- Scribble maps
- uMap basiert auf der Grundlage von OpenStreetMap und ist eines der Kartentools, das über die meisten Einstellungsmöglichkeiten verfügt. Das Tool ist kostenfrei und funktioniert ohne Anmeldung. Aufgrund des großen Funktionsumfangs ist eine Schulung und Einarbeitung der Schülerinnen und Schüler vor dem Einsatz dieser Anwendung dringend notwendig. Ein anschauliches Tutorial findet sich z. B. über die Website von tub.tuhh.de.

3.3 Datawrapper

Ziele/Kompetenzen

Die Schülerinnen und Schüler ...

- schulen ihre Kartenkompetenz, indem sie komplexe Karten gestalten.
- schulen ihre räumliche Orientierung, indem sie beim Erstellen der Karte Signaturen an passender Stelle platzieren.
- erstellen unterschiedlichste Datenvisualisierungen in Form von einfachen Karten, Diagrammen und Tabellen.

Einsatzmöglichkeiten

- einfache und schnelle Gestaltung attraktiver Diagramme und Karten
- Visualisierung von Unterrichtsergebnissen
- Zusammenfassen von Inhalten
- Präsentation von Ergebnissen
- Vertiefen eingeführter Inhalte

Verwendungshinweise

- Über die Website von datawrapper.de können Sie das Tool aufrufen.
- Der Funktionsumfang ist übersichtlich gehalten und der Gebrauch funktioniert intuitiv.
- Die Website verfügt über eine englischsprachige Menüführung.

Vorbereitung und Hinweise zum Datenschutz

- Datawrapper ist eine webbasierte Anwendung, die keine Anmeldung erfordert.
- Bei jüngeren Klassen können Sie zu Beginn zentral in das Tool einführen und die Möglichkeiten aufzeigen.

Sozialform(en)	Stufe
Plenum, Einzel- oder Partnerarbeit	Ab Jahrgangsstufe 9

Beschreibung

Ziel der Plattform „Datawrapper" ist es, dass Nutzerinnen und Nutzer auch ohne Programmier- oder Designkenntnisse ansprechende Diagramme, Karten und Tabellen erstellen können. Dass dies gelungen ist, zeigt sich

daran, dass mit Datawrapper erstellte Grafiken und Karten regelmäßig in Medien wie der New York Times oder dem Spiegel zu finden sind.
Die Tatsache, dass die Anwendung weder ein Log-in noch eine Registrierung erfordert, macht den Einsatz für Schulen besonders attraktiv. Um beispielsweise eine Grafik zu erstellen, müssen lediglich die eigenen Daten im gewünschten Dateiformat hochgeladen werden und mit dem webbasierten Editor kann daraus eine Grafik nach individuellen Wünschen erstellt werden. Diese Grafik kann dann per URL mit anderen geteilt, in ein anderes Webangebot wie z. B. die Schulwebsite eingebettet oder in den gängigen Dateiformaten PNG oder PDF heruntergeladen werden. Besonders attraktiv ist sicherlich die Möglichkeit, eigene Karten zu erstellen. Dabei können die Nutzenden wählen, ob sie Cloroplethenkarten, thematische Karten oder topographische Karten darstellen möchten. Der Gestaltungsprozess ist sehr einfach gehalten. Zunächst wird ausgewählt, welche Art von Karte dargestellt werden soll und welcher räumliche Ausschnitt dargestellt werden soll. Anschließend können die Schülerinnen und Schüler eigene Daten hochladen und sie werden durch die verschiedenen Visualisierungsmöglichkeiten geführt. Die Menüführung ist so einfach und intuitiv gestaltet, dass hier in kürzester Zeit sehr ansprechende Produkte entstehen können. Gerade das Thema Datenvisualisierung und die Überführung eigener Daten in andere Darstellungsformen sollte im Geographieunterricht den nötigen Raum bekommen. Hierfür ist die Plattform „Datawrapper" sehr gut geeignet.

TIPPS

Aufgrund der englischsprachigen Menüführung bietet sich das Tool zu Verwendung im bilingualen oder fachübergreifenden Unterrichtseinsatz an.

ÄHNLICHE TOOLS

- visme
- mapz
- infogram

3.4 Geofolio

Ziele/Kompetenzen	
Die Schülerinnen und Schüler … ⛰ aktivieren ihr Vorwissen. ⛰ analysieren Daten, Diagramme und Karten. ⛰ werten vielfältiges Material aus. ⛰ entwickeln geographische Fragestellungen.	
Einsatzmöglichkeiten	
⛰ Materialrecherche ⛰ Ausgangspunkt für eine Raumanalyse ⛰ ausführliche Lokalisierung eines neuen Raumbeispiels ⛰ Datengrundlage für ein Referat, eine Facharbeit oder sonstige Projekte	
Verwendungshinweise	
⛰ Über die Website von geofolio.org können Sie das Tool aufrufen. ⛰ Der Funktionsumfang ist übersichtlich gehalten und die Benutzung funktioniert intuitiv.	
Vorbereitung und Hinweise zum Datenschutz	
⛰ Eine Anmeldung ist nicht erforderlich. ⛰ Bei jüngeren Klassen können Sie zu Beginn zentral in das Tool einführen und die Möglichkeiten aufzeigen.	
Sozialform(en)	**Stufe**
Plenum, Einzelarbeit	Ab Jahrgangsstufe 9

Beschreibung

Der Name der Plattform Geofolio setzt sich aus den Wörtern „Geographie“ und „Portfolio“ zusammen. Die Funktionsweise ist so einfach wie genial: Mit nur wenigen Klicks können thematische Factsheets mit Informationen über Vegetation, Landwirtschaft, Böden, Wetter, Klima und Landnutzung erstellt werden. Diese Factsheets enthalten interaktive Grafiken und Karten.
Die verwendeten Daten basieren auf offenen Datensets. Bei Bedarf sind die

Quellenangaben für sämtliche Daten herunterladbar und es ist annähernd die gesamte Welt abgebildet.
Um zu beginnen, muss entweder ein georeferenzierter Vektordatensatz hochgeladen werden oder – was noch einfacher ist – auf einer nebenstehenden Weltkarte kann die zu untersuchende Region markiert werden. Danach wird auf Grundlage des markierten Bereichs das Factsheet generiert. Die Informationen erstrecken sich von administrativen Daten und Informationen zur Landnutzung über Topographie und physische Geographie bis hin zum Klima der Region. Angereichert sind sie mit passenden Klimadiagrammen und Niederschlagskarten sowie mit Informationen darüber, wie diese Region vom globalen Klimawandel betroffen ist. Weiterhin gibt es Informationen über die dort vorzufindenden Böden, die Hydrologie und die Wasserressourcen der Regionen über die landwirtschaftliche Nutzbarkeit, die landwirtschaftlichen Anbauprodukte bis hin zu einem Anbaukalender.
Attraktiv ist auch, dass für die verwendeten Darstellungen die entsprechenden Quellen ausgewiesen werden, sodass hier z. B. ein sogenanntes Geofolio als Ausgangslage für eine Facharbeit, ein Projekt oder eine weiterführende Recherche dienen kann.

TIPPS

Ein einmal generiertes Factsheet auf der Seite geofolio.org bleibt über die individuell generierte URL mehrere Jahre erreichbar, sodass Sie auch später noch auf die Informationen zugreifen können. Am oberen Bildschirmrand wird angezeigt, wann der Link ungültig wird. So kann das Factsheet auch als Quellenangabe oder zur Einsicht für die Lehrkraft angegeben und weitergegeben werden.

ÄHNLICHE TOOLS

- World Bank Open Data
- Statista
- Gapminder Bubbles
- The World Factbook

4.1 Apps für den Merge Cube

Ziele/Kompetenzen

Die Schülerinnen und Schüler …

- lokalisieren Länder und Städte.
- werden in ihrer Methodenkompetenz gefördert.
- erstellen eigene 3D-Objekte und Karten.
- verwenden Methoden der Fernerkundung.
- erkennen die raum-zeitlichen Veränderungen auf globalen Satellitenbildern.

Einsatzmöglichkeiten

- Arbeit mit dem Gradnetz
- Länder verorten
- Klimazonen beschreiben
- Aufbau eines Vulkans analysieren
- Wetterbeobachtungen
- Einsatz des Merge Cube ist ideal für den Tag der offenen Tür oder andere Veranstaltungen, bei denen sich das Fach „Geographie" vorstellt.

Verwendungshinweise

Die Apps „Merge Object Viewer" und „Merge HoloGlobe" sind für Android und iOS verfügbar und funktionieren damit vor allem im mobilen Einsatz mit Tablets oder dem Smartphone.

Vorbereitung und Hinweise zum Datenschutz

- Den Merge Cube können Sie in Onlineshops kaufen oder eine Bastelvorlage über die Website von mergecube.com/paper-pdf downloaden und anschließend mit den Schülerinnen und Schülern basteln und gestalten.
- Laden Sie die Apps aus dem Google Play Store oder dem App Store herunter und installieren Sie sie.

Sozialform(en)	Stufe
Einzel- oder Partnerarbeit	Ab Klassenstufe 5

Beschreibung

Einmal die ganze Welt in den Händen halten. Mit dem Merge Cube ist das möglich. Den Merge Cube kann man sich wie einen QR-Code im 3D-Format vorstellen. Wird der 3D-Würfel mit der entsprechenden App eingescannt und in der Hand gedreht, können digitale 3D-Objekte hautnah und individuell auf dem Screen betrachtet werden. Dies ermöglicht eine völlig neue Art des Lernens und der Interaktion mit digitalen Produkten. Das Zusammenspiel aus Merge Cube und den Apps funktioniert sehr zuverlässig und der erste Eindruck ist beeindruckend. Wer seinen Unterricht schon immer mit Augmented Reality bereichern wollte, dem sei der Einsatz von Merge Cubes empfohlen.

Mit der App **Merge Object Viewer** können verschiedene Objekte (Globus, Vulkane, Insekten oder Tiere) ausgewählt und betrachtet werden. So gibt es z. B. ein 3D-Modell unserer Erde, das sich mit dem Merge Cube in der eigenen Hand drehen und wenden lässt sowie beispielsweise zur Lokalisierung von Ländern oder anderen Orten genutzt werden kann. Ebenso können die Kartendarstellungen durch eigene Informationen modifiziert werden, indem die Schülerinnen und Schüler Textinformationen auf einzelnen Kartendarstellungen positionieren, was die eigene Auseinandersetzung mit dem Lerngegenstand noch erhöht.

Mehr Möglichkeiten bietet die App **Merge Holo Globe**. Hier hält man den Globus nicht nur in der eigenen Hand, sondern kann mithilfe von Echtzeitdaten der NASA-Satelliten aktuelle Gegebenheiten und Ereignisse direkt auf den Globus projizieren. Hierzu bietet die App zahlreiche voreingestellte Datengrundlagen (Niederschlagsereignisse, Brände, Erdbeben u.v.m.)

Die Arbeit mit dem Merge Cube eignet sich vor allem in der Sekundarstufe I als Einstieg in die Welt der Augmented Reality. Die Schülerinnen und Schüler zeigen sich schnell begeistert von den Möglichkeiten mit AR-Apps zu arbeiten. Diese Motivation können Sie nutzen, um den AR-Einsatz mit anderen inhaltlichen Verknüpfungen zu verknüpfen.

TIPPS

Aus Gründen der Nachhaltigkeit sollten die gebastelten Merge Cubes aus festerer Pappe bestehen. Alternativ können auch Holzwürfel mit dem Papier beklebt werden.

ÄHNLICHE TOOLS

- ARViewer (iOS)
- educationAR – Learn in AR (iOS)

4.2 WWF Free Rivers

Ziele/Kompetenzen
Die Schülerinnen und Schüler … - beschreiben den Wasserkreislauf. - entdecken die Wechselwirkungen zwischen menschlichem Einfluss und dem Lauf eines Flusses. - erproben unterschiedliche Energiegewinnungsformen entlang eines Flusses.

Einsatzmöglichkeiten
- globaler Wasserkreislauf - anthropogener Landschaftswandel durch Flussbegradigungen - Hochwasserschutz - der Lauf eines Flusses - Mensch-Umwelt-Interaktionen

Verwendungshinweise
- Die App „WWF Free Rivers" ist für Android und iOS verfügbar. - Sie ist nur für mobile Geräte wie Smartphones und Tablets nutzbar. - Die reine Spielzeit beträgt je nach Nutzungsform ca. 20 Minuten.

Vorbereitung und Hinweise zum Datenschutz
- Laden Sie die App aus dem Google Play Store oder App Store herunter und installieren Sie sie. - Eine Anmeldung ist nicht notwendig. Die durchgehend englische Sprachausgabe macht zumindest eine gewisse sprachliche Vorbereitung notwendig. Die App ist daher auch gut für den bilingualen Geographieunterricht oder bilinguale Module geeignet.

Sozialform(en)	Stufe
Einzel- oder Partnerarbeit	Ab Klassenstufe 7

Beschreibung

WWF Free Rivers ist eine Augmented-Reality-Anwendung. Zunächst wird der Raum um den Nutzer oder die Nutzerin gescannt und eine afrikanische

Flusslandschaft vor die eigenen Augen projiziert. Hier kann dann beispielsweise der Verlauf eines Flusses von der Wolkenbildung über den tatsächlichen Niederschlag durch verschiedene Landschaften bis hin zur Mündung ins Meer verfolgt werden. Durch verschiedene interaktive Elemente, in denen z. B. ein Staudamm gebaut wird, können die Auswirkungen menschlicher Eingriffe in den natürlichen Lauf eines Flusses direkt und live erlebt werden. Ebenso können verschiedene nachhaltige Nutzungen von Wasser als Energiequelle in Echtzeit simuliert werden.
Die App bietet eine schöne Möglichkeit, den globalen Wasserkreislauf nachzuspielen oder auf ganz neue Weise erfahrbar zu machen. Ebenso ist es eine gute Idee, diese App als Differenzierungsmöglichkeit für schnelle Schülerinnen und Schüler im Unterricht anzubieten. Zwischendurch wird in der App mit Gamification-Ansätzen gearbeitet, sodass die Schülerinnen und Schüler z. B. mit einem kleinen Boot auf dem virtuellen Fluss fahren können, um Punkte einzusammeln. Dadurch wird die Motivation der Schülerinnen und Schüler, sich mit dem Thema auseinanderzusetzen, deutlich erhöht.

TIPPS Der Raum, der zunächst abgescannt wird, sollte möglichst frei von Gegenständen sein. Räumen Sie also Stühle und Tische aus dem Weg oder benutzen Sie die Flure der Schule.

ÄHNLICHE TOOLS keine

4.3 LandscapAR

Ziele/Kompetenzen	
Die Schülerinnen und Schüler … ⛰ gestalten eigene Höhenlinienkarten. ⛰ erfahren die Auswirkungen ihrer eigenen Zeichnungen in einem 3D-Modell. ⛰ übertragen die theoretischen Informationen aus der Zeichnung auf den Realraum.	
Einsatzmöglichkeiten	
⛰ Einführung in die Karten- und Atlasarbeit ⛰ Höhenlinien ⛰ topographische Karten lesen ⛰ eigene Fantasieinseln zeichnen	
Verwendungshinweise	
Die App LandscapAR ist nur für Android-Smartphones oder -Tablets verfügbar.	
Vorbereitung und Hinweise zum Datenschutz	
⛰ Laden Sie die App aus dem Google Play Store herunter und installieren Sie diese. ⛰ Eine Anmeldung ist nicht notwendig.	
Sozialform(en)	**Stufe**
Einzelarbeit	Ab Klasse 5

Beschreibung

Das Thema Höhenlinien ist ein Klassiker im Geographieunterricht der 5. Klasse und für junge Schülerinnen und Schüler nicht leicht zu verstehen. Es bildet jedoch die Grundlage für die Fähigkeit, Karten lesen zu können bzw. Informationen aus der 2D-Flächendarstellung auf ein mentales Konstrukt zu projizieren, um zu verstehen, wie das Konzept der Höhenlinien funktioniert. Je näher z. B. die Höhenlinien beieinander liegen, desto steiler ist das Gelände in der Realität. Dieser Umstand ist für Schülerinnen und Schüler der

5. Klasse oft nur schwer nachvollziehbar, weshalb es bereits viele Unterrichtsideen gibt, dieses Phänomen z. B. durch Ausschneiden und Bemalen von Kartoffeln oder anderen Gegenständen möglichst schülernah zu veranschaulichen. Mit der App „LandscapAR" soll hier ein weiterer digitaler Vorschlag gemacht werden, wie das Verständnis von Höhenlinien vereinfacht werden kann. Die App ermöglicht es, individuell gezeichnete Höhenlinienkarten der Schülerinnen und Schüler mittels Augmented Reality direkt vor den eigenen Augen erlebbar zu machen. Das bedeutet, dass die Zeichnungen der Schülerinnen und Schüler direkt als Ergebnis präsentiert werden können. Dies steigert die Motivation und das Verständnis, da die Ergebnisse direkt erfahrbar gemacht werden.

TIPPS Gerade in Klasse 5 ist es nicht notwendig, dass jede Schülerin und jeder Schüler diese App auf einem eigenen Endgerät bedient. Gute Erfahrungen wurden damit gemacht, dass nur die Lehrkraft über diese App auf einem Smartphone oder Tablet verfügt und dann bei Bedarf zu den einzelnen Schülertischen geht und die gezeichnete Höhenkarte einscannt. Für die Verwendung der App ist es wichtig, auf einer glatten Oberfläche zu zeichnen und einen starken, gut lesbaren Stift zu verwenden. Achten Sie auch darauf, dass die Höhenlinien geschlossen gezeichnet werden und keine Lücken entstehen. So erhalten Sie ein vernünftiges Ergebnis.

ÄHNLICHE TOOLS JigSpace (iOS)

Material/Kopiervorlage

Im digital.learning.lab ist ein kostenloser Unterrichtsbaustein mit weiterführenden Informationen und Arbeitsblättern zum Einsatz der App verfügbar. Der Download ist als OER frei verfügbar und die Materialien können an die individuellen Bedürfnisse angepasst werden.
Sie finden die Materialien über die Website von digitallearninglab.de → Unterrichtsbausteine → Höhenlinien.

4.4 Die Klima App

Ziele/Kompetenzen	
Die Schülerinnen und Schüler … ✍ analysieren unterschiedliche Ursachen der globalen Erwärmung. ✍ erkunden die globalen Auswirkungen der globalen Erwärmung. ✍ lernen Maßnahmen zum Abwenden der globalen Erwärmung kennen und reflektieren deren Einsatz.	
Einsatzmöglichkeiten	
✍ Einstieg in eine Unterrichtseinheit zum Thema „Globale Erwärmung" ✍ Ursachen und Auswirkungen (Überflutungen, Waldbrände) der globalen Erwärmung ✍ Erfahrungsberichte analysieren ✍ Maßnahmen (Plastikmüll im Weltmeer) kennenlernen ✍ individuelle Schwerpunktsetzung und weitere Recherche ausgehend von der Beschäftigung mit der App durch die Schülerinnen und Schüler	
Verwendungshinweise	
Die App „Die Klima App" ist für Android und iOS verfügbar, z. B. über die Website von wdr.de/app/klima/index.html.	
Vorbereitung und Hinweise zum Datenschutz	
Es ist keine Anmeldung erforderlich.	
Sozialform(en)	**Stufe**
Einzel- oder Partnerarbeit	Ab Jahrgangsstufe 9/10

Beschreibung

Mit der Klima App vom WDR können die Ursachen und Auswirkungen der globalen Erwärmung mittels Augmented-Reality-Technologie eindrucksvoll erlebt und digital ins Klassenzimmer geholt werden. So werden beispielsweise Waldbrände und Hochwasserkatastrophen bis hin zu Augenzeugenberichten aus dem Ahrtal per Augmented Reality direkt in den Raum geholt. Ebenso können Menschen der Generation „Klimawandel" per Augmented Reality direkt in den Klassenraum projiziert werden. Sie berichten über die

Verantwortung der Politik und individuelle Maßnahmen, mit denen sich die Schülerinnen und Schüler aufgrund ihres ähnlichen Alters gut identifizieren können.

Die App enthält auch spielerische Elemente, bei denen es zum Beispiel beim Thema „Plastikmüll“ und dessen Auswirkungen auf das Weltmeer darum geht, Müll zu sammeln und dafür Punkte zu erhalten.

Die Webanwendung steht jedoch nicht für sich allein, sondern ist in ein größeres Konzept aus verschiedenen Modulen eingebettet, die auf den Seiten von planetschule.de beschrieben sind. Zusätzlich gibt es begleitendes Unterrichtsmaterial in Form von Arbeitsblättern, die passgenau zur Anwendung eingesetzt werden können und so ein ganzheitliches und individuelles Lernen ermöglichen.

TIPPS

- Wenn die App parallel von mehreren Schülergruppen in einem Raum genutzt wird, bietet sich die Verwendung von Kopfhörern an.
- Um die AR-Elemente im Raum richtig zu platzieren, muss dieser zunächst gescannt werden. Wenn die Oberfläche des Bodens zu einfarbig ist oder spiegelt, kann es zu fehlerhaften Darstellungen kommen. Wiederholen Sie dann den Scanprozess erneut.

ÄHNLICHE TOOLS

- Planet-Schule.de Kippelemente
- ISIpedia Observed impacts of climate change
- VISLAB: Klimawandelrisiken in Deutschland
- Climate Change Impact Filter

5.1 Oncoo

Ziele/Kompetenzen

Die Schülerinnen und Schüler ...

- führen kollaborativ ein Brainstorming durch.
- sammeln gemeinsam Fragen zu einem Thema.
- sichern die gelernten Inhalte.
- aktivieren ihr Vorwissen.

Einsatzmöglichkeiten

- Brainstorming
- Vorwissen abfragen
- Fachbegriffe sammeln/wiederholen
- Exkursion planen
- Fragen zu einem Unterrichtsgegenstand sammeln
- Projekt planen
- Prüfung vorbereiten

Verwendungshinweise

Das Tool können Sie über die Website von oncoo.de abrufen.

Vorbereitung und Hinweise zum Datenschutz

Oncoo.de ist eine webbasierte Anwendung, die keine Anmeldung oder Registrierung braucht. Es werden keinerlei Nutzungsdaten gespeichert und die Verwendung ist DSGVO-konform.

Sozialform(en)	Stufe
Plenum, Einzelarbeit	Ab Klasse 5

Beschreibung

Oncoo ist ein Angebot der Informatikdidaktik der Uni Osnabrück. Der Name ist eine Abkürzung: online kollaborativ zusammenarbeiten. Es ist eine Webanwendung, die verschiedene bereits etablierte Unterrichtsmethoden in digitaler Form abbildet. Für den Geographieunterricht am interessantesten ist sicherlich die Methode der Kartenabfrage, die den meisten Lehrkräften auch in analoger Form bekannt ist. Hier kann gemeinsam über einen Oberbegriff gebrainstormt werden. Anstatt alle Kärtchen einzeln an die Tafel oder auf Plakate zu heften, geschieht dies über die Smartphones oder Tablets der Schülerinnen und Schüler, sodass hier in Echtzeit Brainstorming stattfinden kann. Die von den Schülerinnen und Schülern eingesandten Begriffe und Fachtermini landen auf einer gemeinsamen Oberfläche, die vorne auf einer Präsentationsfläche angezeigt wird. Hier hat die Lehrkraft die Möglichkeit, die einzelnen Begriffe zu sortieren, zu verschieben, zu gruppieren, mit Überschriften zu versehen oder mit Pfeilen Zusammenhänge darzustellen. Auf diese Weise können sehr schnell komplexe Tafelbilder, aber auch Assoziationen oder ein gemeinsames Brainstorming zu beliebigen Themen des Geographieunterrichts dargestellt werden.

TIPPS

- Bei einer großen Anzahl von Schülerinnen und Schülern kann schnell der Überblick verloren gehen, wenn viele Begriffe an die Tafel geschickt werden. Hier bietet es sich an, das Senden von Begriffen kurzzeitig zu unterbrechen, indem Sie auf die Rakete am rechten oberen Bildschirmrand klicken. Dies gibt Ihnen Zeit, die bisher gesendeten Begriffe neu zu ordnen und zu strukturieren.
- Es kann sinnvoll sein, die Arbeit des Strukturierens und Gruppierens auf der Projektionsfläche einer Schülerin oder einem Schüler zu überlassen, um hier schülerorientierter zu arbeiten und den Lernprozess mehr und mehr in die Hände der Schülerinnen und Schüler zu legen.

ÄHNLICHE TOOLS

- Mindwendel, über idea.kits.blog
- Pinnet
- Yopad

5.2 Flinga

Ziele/Kompetenzen

Die Schülerinnen und Schüler …

- führen kollaborativ ein Brainstorming durch.
- sammeln gemeinsam Fragen zu einem Thema.
- sichern die gelernten Inhalte.
- aktivieren ihr Vorwissen.
- führen eine Abstimmung durch.
- bewerten Vorschläge ihrer Mitschülerinnen und Mitschüler.

Einsatzmöglichkeiten

- Brainstorming
- Vorwissen abfragen
- Fachbegriffe sammeln/wiederholen
- Advance Organizer erstellen
- Abstimmungen durchführen und Kommentierung von Beiträgen
- Anregung von kreativen Denkprozessen
- Visualisierung von komplexen Lerninhalten
- kollaboratives Arbeiten in Echtzeit

Verwendungshinweise

Über die Website von flinga.fi können Sie das Tool aufrufen.

Vorbereitung und Hinweise zum Datenschutz

- Legen Sie sich einen Account an.
- Die Schülerinnen und Schüler können Sie später über einen Link zur Zusammenarbeit einladen, sie benötigen deshalb keinen eigenen Account.

Sozialform(en)	Stufe
Plenum, Einzelarbeit	Ab Jahrgangsstufe 7

Beschreibung

Flinga ist ein kollaboratives Whiteboard, das sehr vielseitig eingesetzt werden kann. Zunächst muss zwischen dem Flinga Whiteboard und der

Flinga Wall unterschieden werden. Das Flinga Whiteboard funktioniert ähnlich wie andere etablierte digitale Whiteboards. Über einen Link können Schülerinnen und Schüler zu einem Whiteboard eingeladen werden und je nach Rechtevergabe kollaborativ Begriffe, Textfelder, Pfeile und andere Symbole auf einer gemeinsamen Arbeitsfläche platzieren.

Mit der Flinga Wall können im Sinne eines Brainstormings einzelne Begriffe oder kürzere Sätze gemeinsam auf einer Weboberfläche gesammelt werden. Der Clou dabei ist, dass die Begriffe in einem zweiten Durchgang sehr komfortabel sortiert werden können. So können die Schülerinnen und Schüler die zunächst gesammelten Begriffe bewerten, indem sie Likes verteilen. Mit nur einem Klick können Sie dann eine Auswertung vornehmen, in der die angezeigten Begriffe nach den verteilten Likes sortiert werden. Dies bietet sich an, um Abstimmungen durchzuführen, aber auch um einzelne Fragen der Schülerinnen und Schüler stärker zu gewichten oder ein Brainstorming der Schülerinnen und Schüler zu strukturieren.

TIPPS

Es gibt die Möglichkeit, ganz offen zu arbeiten, sodass jede Schülerin und jeder Schüler auch die Beiträge der anderen verändern kann. Sie können aber auch einstellen, dass nur die eigenen Beiträge geändert werden können. Dies wird in Abhängigkeit vom Stand der Klasse passieren.

ÄHNLICHE TOOLS

Weitere kollaborative Whiteboards mit vergleichbaren Funktionen sind:

- WBO Whoteboard
- Conceptboard
- Miro
- Collaboard

5.3 TeamMapper

Ziele/Kompetenzen

Die Schülerinnen und Schüler …

- führen kollaborativ ein Brainstorming durch.
- sammeln gemeinsam Fragen zu einem Thema.
- sichern die gelernten Inhalte.
- aktivieren ihr Vorwissen.
- Interesse am Thema wecken.
- persönliches Vorwissen sichtbar machen.
- eigene Vorstellungen entwickeln.

Einsatzmöglichkeiten

- Vorwissen aktivieren
- Brainstorming durchführen
- Fachbegriffe wiederholen
- Projekt planen

Verwendungshinweise

- Über die Website von map.kits.blog können Sie das Tool „TeamMapper“ aufrufen.
- Kits steht für „Kompetent in Technik und Sprache“ und ist ein Angebot des Niedersächsischen Landesinstituts für schulische Qualitätsentwicklung.
- Die Oberfläche der Anwendung ist sehr intuitiv gestaltet und die Funktionen sind selbsterklärend, sodass auch jüngere Schülerinnen und Schüler erfolgreich mit diesem Tool arbeiten können.

Vorbereitung und Hinweise zum Datenschutz

- Das Tool funktioniert webbasiert. Es ist keine Anmeldung notwendig.
- Achtung: Die Mindmaps werden 30 Tage nach der letzten Bearbeitung automatisch gelöscht. Sichern Sie Ergebnisse, indem Sie die fertigen Mindmaps herunterladen.

Sozialform(en)	Stufe
Einzel-, Partner- oder Gruppenarbeit. Plenum	Alle Jahrgangsstufen

Beschreibung

TeamMapper ist eine Webanwendung, mit der Mindmaps kollaborativ – also im Team – erstellt werden können.
Auf der zunächst leeren Seite befindet sich in der Mitte ein Knoten. Durch Anklicken dieses Knotens kann er beschriftet werden und zusätzlich können weitere Knoten als Unterkategorien erzeugt werden. Dabei können die Schülerinnen und Schüler zusätzlich die Farbgebung, die Schriftgröße oder weitere Formatierungsmöglichkeiten frei wählen.
Wichtig zu wissen bei einem Thema wie dem Brainstorming oder der Ideenfindungsphase, in der man mit einem solchen Brainstorming-Tool arbeiten möchte, ist, dass einzelne Knoten auch nachträglich noch voneinander gelöst und an andere Knoten angedockt werden können, wenn sich hier inhaltliche Änderungen ergeben. Diese Flexibilität macht schnell den großen Vorteil eines digitalen Tools deutlich.
Zur weiteren Gestaltung der Mindmap können die Schülerinnen und Schüler Bilder oder Grafiken direkt in die Mindmap integrieren.
Die wichtigste Funktion des TeamMappers ist, dass über einen Einladungslink weitere Teilnehmende zur Mitarbeit an der Mindmap eingeladen werden können. Dies ermöglicht die kollaborative Erstellung. Ist die Mindmap fertiggestellt, können die Ergebnisse bei Bedarf als Bilddatei oder im PDF-Format heruntergeladen werden.

TIPPS

Auf den Seiten von kits stehen noch weitere interessante Webanwendungen für den Unterricht zur Verfügung. Es lohnt sich, auch diese einmal auf ihre Einsatzmöglichkeit im eigenen Unterricht zu überprüfen.

ÄHNLICHE TOOLS

- Oncoo
- Mindmup
- Miro
- Coggle

In der folgenden Übersicht finden Sie eine kleine Sammlung von Apps, die sich für das mobile Lernen und die Durchführung von Exkursionen bewährt haben:

My GPS Coordinates (Android) & Meine GPS-Koordinaten (iOS)

- eigenen Standort per GPS darstellen
- Exkursionsroute per GPS tracken und nachverfolgen
- Standort per E-Mail oder Link mit anderen teilen
- Darstellung des eigenen Standorts mit genauer Angabe der Längen- und Breitengrade.

SunCalc org (Android) & Sonnen-Info/Solar Watch (iOS)

- Sonnenstand, Sonnenverlauf, Höchst- und Tiefststand anzeigen
- Zeiten für Sonnenaufgang und Sonnenuntergang für jeden Ort der Erde bestimmen
- Schattenlänge von Gebäuden berechnen

Multi Clinometer (Android) & Clinometer (iOS)

- fungiert als digitale Wasserwaage
- verfügt über einen Neigungssensor

Kompass (Android) & Kompass & GPS (iOS)

- digitaler Kompass
- zeigt zuverlässig den geographischen Norden
- Anzeige von Längen- und Breitengraden
- Höhengeschwindigkeit

Geo Tracker (Android) & GPS Tracks (iOS)

- GPS-Tracker auf der Basis von OpenStreetMap
- bietet umfangreiche Streckenstatistiken

Windy Maps (Android und iOS)

- umfangreiche Offline-Karten
- Routenplaner und Navigation für Fußgänger/-innen, Fahrrad- oder Autofahrer/-innen
- Sport-Tracker
- auf Grundlage der OpenStreetMap-Daten

Beach Explorer (Android & iOS)

- umfangreiche Bestimmungshilfe für über 1.500 unterschiedliche Fundstückarten
- Fund online melden
- eigene Funddatenbank anlegen
- Hintergrundinformationen zu den Funden erhalten

iNaturalist (Android & iOS)

- Pflanzen und Tiere bestimmen
- Teil einer Community werden
- durch Meldungen und Beobachtungen in Form von Citizen Science zur Forschungsqualität beitragen
- auf umfassende Datenbank und Fotos anderer Nutzer/-innen zugreifen.

Höhenmesser (Android) & Reise Höhenmesser & Höhe (iOS)

- Höhenmesser für aktuellen und theoretische Standorte
- Speicherfunktion
- GPS-Daten

Pl@ntNet Pflanzenbestimmung (Android & iOS)

- Pflanzenbestimmungen für heimische Wildpflanzen

All-In-One Offline Maps (Android & iOS)

- Offline-Kartenverfügbarkeit auch in Gebieten ohne Netzabdeckung

7.1 coastMap

Ziele/Kompetenzen

Die Schülerinnen und Schüler ...

- führen eine virtuelle Exkursion durch.
- entdecken selbstbestimmt das Ökosystem Nordsee.
- verwenden die angebotenen digitalen Anwendungen, um die potenziellen Nutzungskonflikte in der deutschen Nordsee zu analysieren.

Einsatzmöglichkeiten

- Einstieg in das Raumbeispiel „Nordsee"
- Ökosystem Meer
- Raumnutzungskonflikte erkunden
- Auswirkungen von Offshore Windparks

Verwendungshinweise

Über die Website von hcdc.hereon.de/coastmapapp können Sie das Tool „coastMap" aufrufen.

Vorbereitung und Hinweise zum Datenschutz

Die coastMap-App ist eine webbasierte Anwendung der Helmholtz-Gemeinschaft, die keine Anmeldung oder Registrierung erfordert.

Sozialform(en)	Stufe
Plenum, Einzel- oder Partnerarbeit	Ab Jahrgangsstufe 5

Beschreibung

Mit der coastMap können Schülerinnen und Schüler das komplexe Geoökosystem des Weltmeers am Beispiel der Nordsee durch eine virtuelle Exkursion selbstständig erkunden. Der Funktionsumfang und die Einsatzmöglichkeiten im Unterricht sind vielfältig. Es gibt eine virtuelle Unterwassertour durch die Deutsche Bucht, bei der an acht Stationen vielfältige Informationen über den Meeresboden und die dort lebenden Tiere sowie verschiedene Merkmale der Ausschließlichen Wirtschaftszone der Nordsee erläutert werden. In einer weiteren Anwendung innerhalb der coastMap-App wird die vielfältige Nutzung der Nordsee in einer interaktiven Grafik dargestellt. Hier erarbeiten sich die Schülerinnen und Schüler selbstständig Informationen über den Nährstoffeintrag vom Land ins Meer, den Schadstoffeintrag und dessen Anreicherung in der Nahrungskette sowie über atmosphärische Partikel und deren Rolle bei der globalen Erwärmung. Aber auch andere Verschmutzungsformen durch Öl oder Mikroplastik werden anschaulich erklärt. Vergleichbar mit einer WebGIS-Anwendung können dann auf Basis eines Satellitenbildes der Nordsee für die deutsche Ausschließliche Wirtschaftszone die Grundsätze der Raumordnung dargestellt werden. Dabei können wie bei einer Layer-Technologie verschiedene Funktionen nacheinander dargestellt werden. Diese können auch gleichzeitig aktiviert werden, um die vielfältigen Nutzungen der Nordsee darzustellen. So können z. B. die Dichte des Schiffsverkehrs, die Lage von Windparks, aber auch andere linienhafte Infrastrukturen wie Daten- und Hochspannungskabel, aber auch Offshore-Pipelines dargestellt werden. Diese können wiederum mit dem Natura-2000-Schutzgebiet verglichen werden. Ebenso kann der Nationalpark Wattenmeer dargestellt werden. Auch Sedimententnahmegebiete, die den Schülerinnen und Schülern vielleicht aus dem Urlaub bekannt sind, für die Aufspülung der deutschen Nordseeküste können hier farblich hervorgehoben werden.

ÄHNLICHE APPS

- NABU Nordsee Life
- Smithsonian: Secrets of the Sea
- Google Earth The Worlds Ocean

7.2 Tagebau 360°

Ziele/Kompetenzen	
Die Schülerinnen und Schüler … - lernen, wie aus Kohle Strom erzeugt wird. - analysieren die Mensch-Umweltbeziehungen eines Braunkohletagebaus. - benennen ökologische Folgen des Braunkohlebergbaus.	
Einsatzmöglichkeiten	
- virtuelle Exkursion in einen Tagebau - anthropogener Landschaftswandel - Mensch-Umwelt-Konflikte - Braunkohleabbau	
Verwendungshinweise	
- Über die Website von tagebau.wdr.de können Sie das Tool „Tagebau 360°" aufrufen. - Das Projekt ist als 360°-Version für Laptop, Desktop, den mobilen Einsatz als auch mit VR-Brille erfahrbar. Es ist für die Browser Google Chrome und Mozilla Firefox optimiert worden.	
Vorbereitung und Hinweise zum Datenschutz	
Die Tagebau-360°-Anwendung des WDR ist eine webbasierte Anwendung, die keine Anmeldung oder Registrierung erfordert.	
Sozialform(en)	**Stufe**
Plenum, Einzelarbeit	Ab Klassenstufe 5/6

Beschreibung

Der Tagebau Garzweiler und die Folgen des Braunkohleabbaus werden in der Öffentlichkeit und im Geographieunterricht regelmäßig diskutiert. In jüngerer Zeit ist das Thema auch stark medial geprägt. Mit der neuen Virtual-Reality-Anwendung „Tagebau 360°" bietet es sich an, sich zumindest virtuell ein Bild von der Situation zu machen. Auch wenn das Projekt für die Nutzung mit Virtual Reality konzipiert worden ist, ist ebenso eine

Verwendung ohne VR-Brille und nur auf dem Computer, Tablet oder Smartphone möglich. Zunächst landet denn Nutzer bzw. die Nutzerin auf einer Karte mitten des Abbaugebiet und kann dann selbstständig entscheiden, an welcher Stelle des Braunkohletagebaus die virtuelle Tour begonnen werden soll. Auf diese Weise können die Schülerinnen und Schüler zum Beispiel im Führerhaus eines riesigen Schaufelradbaggers Platz nehmen. Ebenso gibt es Hintergrundinformationen dazu, wie Kohle gebildet wird oder die Schülerinnen und Schüler erhalten Eindrücke aus dem Inneren eines Kraftwerks, in dem aus Kohle Strom produziert wird. Dabei steht jedoch nicht nur die zugrundeliegende Technologie im Mittelpunkt, sondern es sollen vor allen Dingen auch die Auswirkungen auf die Umwelt beleuchtet werden.
Das Angebot ist so interaktiv gestaltet, dass die Nutzerinnen und Nutzer selbst entscheiden können, wohin sie gehen, wen sie interviewen und welche Fragen zwischendurch gestellt werden. Auf diese Weise kann die Virtual-Reality-Erfahrung individualisiert werden.

VARIANTEN ALTERNATIVEN

Andere 360°-Projekte vom WDR finden sich auf den Websiten von dom360.wdr.de, glueckauf.wdr.de und zeitkapsel.wdr.de.

ÄHNLICHE TOOLS

Storymaps → Garzweiler

7.3 Dollar Street

Ziele/Kompetenzen	
Die Schülerinnen und Schüler … – erkunden eine Bilderdatenbank. – leiten aus den Daten Informationen und Fakten ab. – untersuchen globale und regionale Disparitäten. – entwickeln eine eigene Definition von „Entwicklung".	
Einsatzmöglichkeiten	
– Einstieg in das Themenfeld Disparitäten – Lebensbedingungen in unterschiedlichen Teilen der Welt	
Verwendungshinweise	
Über die Website von gapminder.org → Resources → Tools können Sie das Tool „Dollar Street" aufrufen.	
Vorbereitung und Hinweise zum Datenschutz	
Das Projekt „Dollar Street" ist eine webbasierte Anwendung, für die keine Anmeldung oder Registrierung notwendig ist.	
Sozialform(en)	**Stufe**
Plenum, Einzel- oder Partnerarbeit	Ab Jahrgangsstufe 9

Beschreibung

Dollar Street ist ein Teilprojekt von gapminder.org. Es handelt sich um eine riesige Bilddatenbank mit über 30.000 Fotos. Dafür wurden 264 Familien in 50 verschiedenen Ländern besucht. Die Fotos wurden nach dem Einkommen der Familien sortiert. Auf der linken Seite der Straße leben die Familien mit dem geringsten Einkommen und auf der rechten Seite der sogenannten Dollar Street leben die Familien mit dem höchsten Einkommen. Mit zahlreichen Einstellungsmöglichkeiten können die Bilder nun nach Ländern oder bestimmten Themen sortiert werden. Vergleichen Sie z. B. Badezimmer, Zahnbürsten oder Kinderspielzeug. Auf diese Weise lassen sich die Lebensbedingungen der Menschen weltweit realistischer vergleichen, als es die Medien in der Regel vermitteln. Die Datenbank eignet sich auch zum Abbau von Vorurteilen und Klischees. Es kann ein guter Einstieg in eine Unterrichtsreihe zu globalen Disparitäten sein, wenn man mit den Schülerinnen und Schülern zunächst versucht zu definieren, was Entwicklung überhaupt ist, was ein Entwicklungsland ist und wie die Menschen in verschiedenen Regionen der Welt leben.

VARIANTEN ALTERNATIVEN

Auch die anderen Inhalte der Website gapminder.org eignen sich sehr gut für den Geographieunterricht. So können z. B. mit dem Worldview Upgrader Fehlvorstellungen über die aktuellen Lebensbedingungen der Menschen auf der Erde mithilfe eines Selbsttests abgebaut werden. Weitere Tools dienen dazu, Karten über unsere sich verändernde Welt zu vergleichen, zu animieren oder attraktive Datenvisualisierungen für den Unterricht zu erstellen. Das auf der Website verwendete Tool ist zudem vergleichbar mit einem leistungsfähigen WebGIS, mit dem verschiedene Diagrammformen zu selbst gewählten Ländervergleichen und deren Entwicklungsindikatoren dargestellt werden können.

ÄHNLICHES TOOL

Zumindest für die äußerlichen Merkmale lässt sich in einigen Regionen auch Google Streetview für die Begutachtung und Kategorisierung verwenden.

8.1 Telegra.ph

Ziele/Kompetenzen	
Die Schülerinnen und Schüler … ✍ erstellen eine multimediale Website. ✍ sichern ihr Wissen. ✍ fassen Inhalte zusammen. ✍ präsentieren ihre Ergebnisse.	
Einsatzmöglichkeiten	
✍ Portfolioarbeit ✍ Micro-Blog ✍ Versuchs- und Experimentdokumentation ✍ Projektdokumentation ✍ Protokoll einer kooperativen Arbeitsphase	
Verwendungshinweise	
Über die Website von telegra.ph können Sie das Tool aufrufen.	
Vorbereitung und Hinweise zum Datenschutz	
Telegra.ph ist eine webbasierte Anwendung, die keine Anmeldung oder Registrierung erfordert.	
Sozialform(en)	**Stufe**
Einzel- oder Partnerarbeit	Ab Jahrgangsstufe 7

Beschreibung

Telegra.ph ist eine Instant-Blogging-Plattform der Telegram-Macher. Sie bietet die Möglichkeit, schnell und einfach Beiträge im Blogformat im Internet zu veröffentlichen. Das Führen eines Blogs im Unterricht hat viele Vorteile. Allerdings ist es relativ aufwendig, diesen Blog für die Klasse einzurichten, die richtigen Anbieter zu finden und immer mit Kosten verbunden. Telegra.ph bietet hier viele Vorteile. Der Dienst ist anonym und es ist keine Anmeldung oder Registrierung erforderlich. Nach dem Aufrufen der Seite kann direkt mit dem Schreiben des Blogs begonnen werden. Der

Zugang ist so niedrigschwellig, dass die Schülerinnen und Schüler keine Zeit mit der Erkundung der Funktionen verlieren, sondern direkt mit der inhaltlichen Arbeit beginnen können. Neben dem einzugebenden Text können die Schülerinnen und Schüler weitere eigene oder externe Inhalte einfügen. Dies betrifft beispielsweise andere Websites, eingebettete Videos von YouTube oder anderen Videoplattformen, aber auch Social-Media-Posts. Auch eigene Fotos können die Schülerinnen und Schüler einbetten. Sind alle eigenen Inhalte platziert, kann der Blog mit einem einfachen Klick auf „publish" veröffentlicht werden. Dadurch erhält der Blog einen eigenen Link, der anderen Nutzerinnen und Nutzern oder einer breiteren Öffentlichkeit zur Verfügung gestellt werden kann.

TIPPS

Da für die Anwendung keine Anmeldung erforderlich ist, ist unbedingt zu beachten, dass eine Weiterarbeit am Blog zu einem späteren Zeitpunkt nur eingeschränkt möglich ist. Für einen klassischen, kontinuierlich gepflegten Blog ist das Tool daher nicht geeignet. Soll nach der Veröffentlichung des Telegraph-Blogs doch noch etwas am Blog geändert werden, ist es wichtig, die Cookies des Browsers nicht zu löschen, da diese erkennen, wer die Autorin bzw. der Autor des Blogs ist und so nur diese Personen Zugriff auf die Änderungsmöglichkeiten haben. Das bedeutet auch, dass alle anderen Personen keinen Zugang zu diesem Blog haben und nichts daran geändert werden kann.

ÄHNLICHE TOOLS

Quicknote

8.2 Canva

Ziele/Kompetenzen

Die Schülerinnen und Schüler …

- erstellen multimediale Grafiken, Poster, Präsentationen.
- sichern ihr Wissen.
- fassen Inhalte zusammen.
- präsentieren ihre Ergebnisse.

Einsatzmöglichkeiten

- einfache und schnelle Gestaltung von Grafiken, Postern, Social-Media-Posts, Infografiken u. v. m.
- Mediengestaltung
- Sicherung unterschiedlicher Unterrichtsinhalte

Verwendungshinweise

Über die Website von canva.com können Sie das Tool aufrufen.

Vorbereitung und Hinweise zum Datenschutz

- Canva ist eine webbasierte Anwendung, für die eine Registrierung erforderlich ist.
- In der kostenlosen Version sind bereits zahlreiche Vorlagen und Grafikoptionen vorhanden, sodass die Schülerinnen und Schüler hier direkt losgelegen können.
- Die kostenpflichtige Premium-Version ist im Rahmen der Lizenz „Canva for Education" für registrierte Schulen vollständig und dauerhaft kostenlos. Voraussetzung dafür ist, dass sich eine Lehrkraft der Schule vorab registriert und sich gegenüber Canva als Lehrkraft dieser Schule ausweisen kann. Dies lohnt sich vor allem, wenn klassenübergreifend oder im Kollegium zusammengearbeitet wird.

Sozialform(en)	Stufe
Einzel- oder Partnerarbeit	Ab Jahrgangsstufe 7

Beschreibung

Canva ist eine webbasierte Grafik- und Layoutanwendung, mit der professionelle Layouts ohne grafische Vorkenntnisse erstellt werden können. Besonders interessant für den schulischen Bereich ist, dass Canva bereits zahlreiche passende Vorlagen für die unterschiedlichsten Anwendungsbereiche bietet. So kann aus unzähligen Grafiken, Logos, Postkarten, Wochenplänen, Instagram-Posts, aber auch klassischen Bildern, Postern, Plakaten und anderen Social-Media-Vorlagen gewählt werden.
Trotz dieser zahlreichen Gestaltungsmöglichkeiten ist die Anwendung auch für ungeübte Nutzerinnen und Nutzer intuitiv bedienbar und auch jüngere Schülerinnen und Schüler können nach kurzer Einarbeitungszeit kreative Produkte im Unterricht erstellen. Der große Vorteil besteht darin, dass die Schülerinnen und Schüler sich aufgrund der vorhandenen Vorlagen nicht lange mit der Gestaltung des Plakates aufhalten müssen, sondern direkt in die inhaltliche Arbeit einsteigen können. Die Produkte können später in verschiedenen Dateiformaten exportiert und z. B. in der Klasse oder der Schulöffentlichkeit präsentiert werden. Bei der Erstellung einer Präsentation oder eines Dokuments kann auch kollaborativ an einem Produkt gearbeitet werden, was eine hohe Flexibilität ermöglicht.

TIPPS

Canva eignet sich nicht nur für die Arbeit mit Schülerinnen und Schülern. Die Gestaltungsvorlagen und attraktiven Möglichkeiten, hier Dokumente zu gestalten, bieten auch einen großen Fundus an Möglichkeiten, um Unterrichtsmaterial zu gestalten.

ÄHNLICHE TOOLS

- Genial.ly
- Thinglink
- Piktochart

8.3 Icograms Designer

Ziele/Kompetenzen	
Die Schülerinnen und Schüler … ⛰ lernen die historisch-genetische Stadtentwicklung kennen, indem sie spezifische Stadtentwicklungsphasen nachbauen. ⛰ gestalten eigene virtuelle Städte. ⛰ festigen ihr Wissen über die Genese von Städten. ⛰ bauen unterschiedlich Stadtentwicklungsphasen nach. ⛰ fassen Inhalte zusammen. ⛰ präsentieren ihre Ergebnisse.	
Einsatzmöglichkeiten	
⛰ Nachbau historischer Stadtentwicklungsphasen ⛰ Stadtmodelle nachstellen ⛰ Gestaltung der persönlichen Traumstadt ⛰ nachhaltige Stadtentwicklung und Verkehrskonzepte entwickeln ⛰ Stadtentwicklung und globale Erwärmung/Städte als Wärmeinseln	
Verwendungshinweise	
⛰ Über die Website von icograms.com können Sie das Tool aufrufen. ⛰ Die Menüführung ist sehr intuitiv.	
Vorbereitung und Hinweise zum Datenschutz	
Icograms.com ist eine webbasierte Anwendung, die keine Anmeldung oder Registrierung erfordert.	
Sozialform(en)	**Stufe**
Plenum, Einzel- oder Partnerarbeit	Ab Klassenstufe 7

Beschreibung

Mit Icograms.com lassen sich unkompliziert virtuelle Stadtlandschaften gestalten. Auf der linken Bildschirmseite gibt es zahlreiche Kategorien, in denen sich verschiedene Objekte wie Häuser, Fahrzeuge und andere Bebauung, aber eben auch Oberflächen, Texturen, Vegetation, Gewässerflächen usw. befinden. Danach kann per Drag-and-Drop das gewünschte Objekt auf die Bearbeitungsfläche gezogen werden. So können nach und nach eigene virtuelle Städte entstehen. Der Funktionsumfang ist dabei vielfältig und wird von den Schülerinnen und Schülern schnell verstanden. Durch die Möglichkeit, Symbole und auch Text in diesen virtuellen Städten zu platzieren, können die eigenen virtuellen Städte beziehungsweise die einzelnen Stadtteile und deren Funktionen beschrieben und bezeichnet werden. Wenn die größere Stadt fertig gebaut ist, kann diese in der kostenlosen Version als PNG- oder JPEG-Datei heruntergeladen werden. Um die Stadt als Vektorgrafik abzuspeichern, wird eine Anmeldung benötigt.

ÄHNLICHE TOOLS

- Mobility-Online
- Townscaper
- Zeitklicks

9.1 ChatGPT

Ziele/Kompetenzen	
Die Schülerinnen und Schüler … - interagieren mit einem KI-Tool. - nutzen die KI für einen ersten Entwurf und passen diese Ergebnisse weiter an. - verstehen Risiken und Chancen der Verwendung von KI-Tools.	
Einsatzmöglichkeiten	
- Brainstorming - Anfertigen eines ersten Entwurfs - Prüfungsfragen generieren - Unterricht planen - KI als Tutor oder Nachhilfelehrkraft	
Verwendungshinweise	
Über die Website von chat.openai.com können Sie das Tool aufrufen.	
Vorbereitung und Hinweise zum Datenschutz	
ChatGPT kann nur genutzt werden, wenn der Nutzer bzw. die Nutzerin zuvor einen Account bei OpenAI angelegt hat, für den sowohl eine E-Mail-Adresse als auch eine Handynummer erforderlich sind. Die Nutzung des Tools mit Schülerinnen und Schülern ist daher nicht bzw. nur eingeschränkt möglich, auch wenn viele Schülerinnen und Schüler vermutlich bereits privat über einen Account verfügen.	
Sozialform(en)	**Stufe**
Plenum, Einzelarbeit	Ab Klassenstufe 9

Beschreibung

Spätestens seit der Veröffentlichung von ChatGPT Ende November 2022 stellt sich die Frage, welche Auswirkungen generative künstliche Intelligenzen auf die Schule und insbesondere auf den Geographieunterricht haben werden. An dieser Stelle kann weder auf die genaue Funktionsweise noch

auf die bisherige Entwicklung näher eingegangen werden. Vielmehr soll ein Blick in die Zukunft geworfen bzw. ein pragmatischer Umgang mit dieser neuen Technologie skizziert werden.
Zunächst muss an dieser Stelle unterschieden werden, ob ChatGPT gemeinsam mit den Schülerinnen und Schülern oder nur von der Lehrkraft genutzt werden soll.

Lehrkräfte können das Tool beispielsweise zur Unterrichtsvorbereitung nutzen, indem sie sich Aufgabenstellungen, Impulsfragen oder ganze Quizfragen generieren lassen. Dabei ist immer zu beachten, dass die von der KI generierten Inhalte nicht unbesehen übernommen werden sollten, da es sich um Sätze aus sprachlichen Häufigkeitsverteilungen handelt.
Dennoch kann diese KI die Lehrenden bei der Unterrichtsvorbereitung entlasten, indem die generierten Ideen zumindest als Anregung dienen und dann von den Lehrenden weiter ausgearbeitet und geplant werden. Dieses Verständnis eines Tutors, mit dem hier gemeinsam der Unterricht geplant wird, sollte auch für den Einsatz mit **Schülerinnen und Schülern** gelten. Auch sie können das Tool nutzen, um ein unmittelbares Feedback zu ihren Texten zu erhalten, oder sie können die KI sogar als fiktiven Partner bzw. fiktive Partnerin in einem Rollenspiel einsetzen, um ihre eigenen Argumente zu testen. Ebenso kann die Anwendung als intelligentes Tutorensystem genutzt werden, indem mit dem Chatbot potenzielle Prüfungsfragen zu einem Unterrichtsgegenstand durchgegangen werden.
Unabhängig von den noch zu klärenden fachdidaktischen Vorteilen generativer KI-Werkzeuge im Geographieunterricht ist an dieser Stelle festzuhalten, dass es sich um eine Querschnittsaufgabe handeln wird und alle Fächer ihren Beitrag leisten müssen, um KI-Technologie sinnvoll in den Unterrichtsalltag zu integrieren. Spätestens seit die KI-Technologie auch in bestehende Anwendungen wie Word, E-Mail-Programme oder Social-Media-Apps wie Snapchat integriert wird, haben alle unsere Schülerinnen und Schüler diese KI auch in der Hosentasche. Unsere Aufgabe muss es sein, die Schülerinnen und Schüler hier bestmöglich auf ein Leben und Lernen mit Künstlicher Intelligenz vorzubereiten.

VARIANTEN ALTERNATIVEN

In letzter Zeit sind verschiedene Anbieter auf den Markt gekommen, die die in ChatGPT enthaltene Technologie in eigene Apps integrieren, mit denen eine Nutzung mit Schülerinnen und Schülern auch ohne Zugangsdaten möglich ist. Diese Anbieter sind teilweise kostenpflichtig, ermöglichen dann aber einen datenschutzkonformen Einsatz dieser Tools im Unterricht. Beispiele sind gptschule.de und die KI-Tools von fobizz.

ÄHNLICHE TOOLS

- Copilot vom Microsoft
- Bard von Google

9.2 Textomap

Ziele/Kompetenzen

Die Schülerinnen und Schüler …

- interagieren mit einem KI-Tool.
- nutzen die KI für einen ersten Entwurf und passen diese Ergebnisse weiter an.
- verstehen Risiken und Chancen der Verwendung von KI-Tools.
- schulen ihre Kartenkompetenz, indem sie eigene Karten auf Grundlage einer Textbasis gestalten.
- schulen ihre räumliche Orientierung, indem sie beim Erstellen der Karte Signaturen an passender Stelle platzieren.
- erstellen unterschiedlichste Datenvisualisierungen in Form von einfachen Karten.

Einsatzmöglichkeiten

- textbasierte Karten erstellen
- Exkursionsroute darstellen oder planen
- Ausflug/Reise/Stadtbesichtigung planen

Verwendungshinweise

Über die Website von textomap.com können Sie das Tool aufrufen.

Vorbereitung und Hinweise zum Datenschutz

- Textomap kann auch ohne einen eigenen Account genutzt werden.
- Die Karten können bearbeitet und angeschaut werden. Leider wird zum Speichern oder Teilen der Ergebnisse mittlerweile eine Registrierung erforderlich.

Sozialform(en)	Stufe
Plenum oder Einzelarbeit	Ab Jahrgangsstufe 9

Beschreibung

Textomap kann interaktive Karten auf der Grundlage von Text erstellen. Zum einen kann eine Textquelle in das Tool hochgeladen werden. Dieser Text muss Adressen, konkrete Orte oder Sehenswürdigkeiten enthalten, damit

diese auf einer Karte generiert werden können. Beispiele hierfür sind Reiseberichte, Zeitungsartikel, Texte, die sich mit bestimmten Orten beschäftigen, oder auch Unterrichtsmaterialien für das Fach Geographie. Zusätzlich ist die ChatGPT-Anwendung in Textomap integriert, sodass hier direkt KI-generierter Text als Grundlage für eine Kartengenerierung verwendet werden kann.
Unabhängig davon, welche der beiden Optionen gewählt wird, können nach der Generierung der Karte einzelne Orte noch korrigiert, ergänzt oder bearbeitet werden. Ebenso können zusätzliche Standorte auf der Karte verortet werden. War das Tool lange Zeit kostenlos und ohne Registrierung nutzbar, muss nun ein Account angelegt werden, wenn das Ergebnis, also die Karte, exportiert oder geteilt werden soll.

ÄHNLICHES TOOL | Mapsgpt

10.1 City Guesser

Ziele/Kompetenzen
Die Schülerinnen und Schüler … ✍ erkunden fremde Städte. ✍ schulen ihre Orientierungs- und Kartenkompetenzen. ✍ beobachten geographische Phänomene und Merkmale im Raum.
Einsatzmöglichkeiten
✍ Vertretungsstunde oder letzte Stunde vor den Ferien ✍ Wiederholung und Sicherung von Stadttypen, Klimazonen, EU-Ländern usw.
Verwendungshinweise
Über die Website von virtualvacation.us → City Guesser können Sie das Tool aufrufen.
Vorbereitung und Hinweise zum Datenschutz
City Guesser ist eine webbasierte Anwendung, die keine Anmeldung oder Registrierung erfordert.

Sozialform(en)	Stufe
Plenum, Einzel- oder Gruppenarbeit	Ab Jahrgangsstufe 5

Beschreibung

City Guesser ist ein interaktives Spiel auf der Website Virtualvacation.us. Auf dieser Seite finden sich zahlreiche Spiele, die sich für den Geographieunterricht eignen.
Das Spielprinzip von City Guesser ähnelt dem bekannten Spiel GeoGuessr. Zunächst müssen sich die Schülerinnen und Schüler entscheiden, ob sie auf der ganzen Welt oder nur auf einem bestimmten Kontinent oder Land spielen möchten. Danach landen sie per Zufall irgendwo auf der Welt. Im Gegensatz zu GeoGuessr, das innerhalb von Google Street View gespielt wird, handelt es sich hier um Videoaufnahmen einer Person, die durch die Straße spaziert. Die Aufgabe des Spielers bzw. der Spielerin ist es, diese

Position auf einer nebenstehenden Karte möglichst genau zu lokalisieren. Dabei kann die Abspielgeschwindigkeit des Videos variiert und auch kurz zurückgespult werden. Während des Spiels muss der Spieler bzw. die Spielerin entlang der Straße nach Hinweisen suchen, die auf seine/ihre Position hinweisen. Das können zum Beispiel Straßenschilder, Werbetafeln oder die Nummernschilder bekannter Gebäude sein. Genaues Beobachten und ein geschulter geographischer Blick sind hier gefragt. Nach Ablauf einer vorgegebenen Zeit muss der vermutete Standort mit einem Punkt auf der nebenstehenden Weltkarte begründet lokalisiert werden. Je genauer der Ort auf der Karte lokalisiert wurde, desto mehr Punkte können im Spiel erreicht werden.
Besonders beliebt bei den Schülerinnen und Schülern ist der Multiplayer-Modus, bei dem einzelne Schülerinnen und Schüler in Gruppen gegeneinander antreten können und gleichzeitig dasselbe Video sehen. Hier bietet es sich an, die Gruppen räumlich getrennt spielen zu lassen. Am Ende des Spiels empfiehlt sich eine kurze Reflexionsphase über das eigene Vorgehen und die Begründung des gewählten Standortes.

TIPPS

Atlanten auf dem Tisch jeder Spielergruppe helfen bei der räumlichen Verortung und fördern die Kartenkompetenzen der Schülerinnen und Schüler.

ÄHNLICHE TOOLS

Diese Tools folgen einem ähnlichen Spielprinzip, erfordern aber eine Registrierung:

- Geoguessr
- Geotastic

10.2 StadtklimaArchitekt

Ziele/Kompetenzen

Die Schülerinnen und Schüler …

- erkunden die globalen Auswirkungen der globalen Erwärmung innerhalb einer fiktiven Stadt.
- planen eine eigene Stadt unter Berücksichtigung besonderer Maßnahmen zum Klimaschutz.
- erkunden ein Simulationsspiel und wenden ihre Kenntnisse über die Ursachen und Auswirkungen der globalen Erwärmung für Städte an.

Einsatzmöglichkeiten

- Stadtentwicklung
- Stadtentwicklung und Klimaschutz
- nachhaltige Stadtentwicklung
- Wärmeinsel Stadt
- klimafreundliche Stadt

Verwendungshinweise

Über die Website von cen.uni-hamburg.de → Presse, Outreach → Entdecken → Online-Spiel: Stadtklimaarchitekt können Sie das Tool aufrufen.

Vorbereitung und Hinweise zum Datenschutz

Das Simulationsspiel „StadtklimaArchitekt" ist eine webbasierte Anwendung, die keine Anmeldung oder Registrierung erfordert.

Sozialform(en)	Stufe
Plenum, Einzel- oder Partnerarbeit	Ab Jahrgangsstufe 9

Beschreibung

Das Simulationsspiel „StadtklimaArchitekt" ist in Zusammenarbeit mit dem Exzellenzcluster für Klimaforschung und dem Zentrum für Erdsystemforschung und Nachhaltigkeit an der Universität Hamburg entstanden. Ziel des Spiels ist es, eine möglichst klimafreundliche Stadt zu bauen. Dafür haben die Spielerinnen und Spieler zu Anfang die Möglichkeit zwischen einer europäischen, amerikanischen oder asiatischen Stadt zu wählen. Danach beginnt das Spiel und über Ereigniskarten werden die konkreten Anforderungen an jede Spielphase kenntlich gemacht. Ziel ist es zunächst, Wohnungen zu bauen und Arbeitsplätze zu schaffen und gleichzeitig klimaschädliches CO^2 zu vermeiden. Dabei können Bausteine auf die freie Spielfläche gezogen werden, um so ein eigenes Stadtviertel zu bauen. Jeder platzierte Baustein hat dabei eine bestimmte Wirkung auf das Stadtklima. Hat man hier geschickt geplant und entschieden, werden unterschiedliche Hinweise gegeben. Die Farben Grün, Gelb und Rot machen deutlich, welche Bereiche der Stadt gerade sich in eine kritische Richtung entwickeln. Dieses unmittelbare Feedback macht es besonders spannend, sich hier mit den komplexen Anforderungen beim Bau einer klimafreundlichen Stadt auszuprobieren.

ÄHNLICHE TOOLS
- Reflectories
- Planet-Schule Kippelemente

WEITERE HILFREICHE TOOLS UND WEBSITES

Gerade für den Geographieunterricht gibt es online zahlreiche praktische Tools, Websites und kleine Unterrichtshelfer. Diese können aufgrund des zur Verfügung stehenden Platzes nicht alle in der notwendigen Ausführlichkeit vorgestellt und besprochen werden. Daher schließt sich an die ausführliche Vorstellung der einzelnen Tools und Apps nun eine kommentiere Übersicht mit vielen weiteren nützlichen Links und Ideen an. Viel Spaß beim Ausprobieren!

Kleine Helfer im Unterricht

Website von	Beschreibung
schweizerweltatlas.ch/bevoelkerungsdiagramme	Interaktive Bevölkerungsdiagramme erstellen
schweizerweltatlas.ch/klimadiagramme	Interaktive Klimadiagramme erstellen
thetruesize.com	Die Auswirkungen der Mercatorprojektion anschaulich vergleichen
earthspacelab.com/	Erdrotation und -revolution visualisieren
argumentationswippe.de	Die etablierte Methode der Argumentationswippe digital gestützt durchführen
basiskonzepte-der-geographie.chayns.site	Übersicht der Basiskonzepte der Geographie als Webapp
engaging-data.com/solar-intensity	Sonneneinstrahlung in Abhängigkeit von Ort und Zeitpunkt global visualisieren
theworldcounts.com	Riesiger Fundus an Zahlen und Fakten zu unterschiedlichen Themen
unequalscenes.com	Sammlung zahlreicher Einstiegsfotos zum Thema Disparitäten, Entwicklung und Stadtentwicklung
informationisbeautiful.net/beautifulnews	Positive Nachrichten aus aller Welt

reflectories.de	Interaktives Lerntool zu den SDGs
geospektiv.de	Interaktive Lernmodule zu unterschiedlichen Themen
ourworldindata.org	3.000 Diagramme sowie viele Zahlen und Fakten, die die Welt erklären
geoguessr.com/de/quiz/seterra	Online-Spiel mit mehr als 300 unterschiedlichen Aufgabenstellungen; unterhaltsame Topographiespiele mit unterschiedlichen Spielmodi
cryptpad.fr	Cryptpad ist eine vollwertige Office-Suite mit allen notwendigen Tools für das Zusammenarbeiten. Die Anwendung ist Open-Source-basiert, die Datenübertragung vollständig verschlüsselt.

Klima und globale Erwärmung

Website von	**Beschreibung**
yotka.org/meteo-hist	Temperatur und Niederschlag eines Ortes gegenüber wählbarer Referenzperiode visualisieren
showyourstripes.info	Warming Stripes für unterschiedliche Regionen der Welt generieren
isipedia.org/report/observed-impacts-of-climate-change	Tool zur Visualisierung der unterschiedlichen Auswirkungen der globalen Erwärmung nach Region und Sphäre
klima-risiken.vislab.io	Klimawandelrisiken in Deutschland erkunden
planet-schule.de/mm/kippelemente	Kippelemente des Klimas anschaulich visualisiert und erklärt auf einer interaktiven Weltkarte

doinggeoandethics.com/2021/02/11/interaktives-virtuelles-experiment-zum-klimawandel-teil-i	Virtuelle Experimente zum Klimawandel
showyourbudgets.org	Die interaktive Website zeigt für jedes Land die aktuellen CO^2-Emissionen und wann jedes einzelne Land auf der Welt klimaneutral werden muss. Die Grafiken können exportiert und heruntergeladen werden.
app.electricitymaps.com/map	Klimaeinfluss der Regionen, sortiert nach CO^2-Intensität

Karten erstellen

Website von	Beschreibung
pdfmapmaker.com	Kartenausschnitt frei wählen und als PDF-Dokument speichern
worldmapgenerator.com/de	Weltkarten individuell erstellen (Projektion, Oberfläche, Grenzen, Farbgebung) und herunterladen
metromapmaker.com	Eigene U-Bahnnetzpläne erstellen
anvaka.github.io/city-roads	Für jede Stadt der Welt das Straßennetz zeichnen lassen und individualisieren

Digitale Globen

Website von	Beschreibung
dinosaurpictures.org/ancient-earth	Die Kontinente in verschiedenen Stadien von heute bis vor 750 Millionen Jahren betrachten

Künstliche Intelligenz

Website von	Beschreibung
blockadelabs.com	Per Prompt 360°-Landschaften erstellen und herunterladen
touringtest.net	Die gesuchte Stadt auf Grundlage von KI-generierten Texten, Gedichten, Fotos und Zeichnungen auf einer nebenstehenden Karte verorten
timetravel-streetview.glitch.me	Streetview – nur als Zeitreise? Wandern Sie durch das Zeitalter des Jura, das mittelalterliche Frankreich, Venedig in der Renaissance oder London im Viktorianischen Zeitalter.
dutchcyclinglifestyle.com	Straße über Google Streetview aussuchen und dann KI-basierte Vorschläge entwerfen lassen, wie der Straßenzug fahrradfreundlich geplant werden könnte

Interaktive (Karten-)Tools

Website von	Beschreibung
sonnenverlauf.de	Solar- und Geodaten für einen beliebigen Punkt auf der Welt darstellen und vergleichen
newspapermap.com	Interaktive Karte zeigt die Zeitungen der Welt
mappinghny.com	Historische Stadtentwicklung von New York City erkunden
shademap.app	Schattenwurf der Gebäude je nach geographischer Breite und Tageszeit simulieren
marinetraffic.com	Globale Schifffahrt beobachten
shipmap.org	Globale Schifffahrt beobachten

flightradar24.com	Globalen Flugverkehr beobachten
mprove.de/chronoscope/map_v1.html	Historisch-genetische Stadtentwicklung am Beispiel von Hamburg

Virtuelle Exkursionen

Website von	Beschreibung
driveandlisten.herokuapp.com	Durch eine frei wählbare Stadt fahren und lokale Radiosender hören
citywalks.live	Durch unterschiedliche Städte spazieren
mount-everest3d.com/3d-map	Virtuelle Exkursion zum Mount Everest
sfz-hamburg.de/angebote/aetna-interaktiv	Virtuelle Exkursion zum Ätna mit zahlreichen Informationen, eingebetteten Fotos und Videos

TIPPS: VERNETZUNG UND SOCIAL-MEDIA-NUTZUNG FÜR LEHRKRÄFTE

Wie anhand des vorliegenden Buches schnell deutlich wird, gibt es inzwischen eine große Zahl an unterschiedlichen Tools und Apps für den Geographieunterricht. Sich in diesem Themenbereich fortzubilden, bedarf einiges an Zeit und auch Know-how. Die Informationen über die Veröffentlichungen aber auch Nutzung dieser Tools sind über das Internet verstreut. Die Schnelllebigkeit der Tools macht es zudem unmöglich immer auf dem neuesten Stand zu bleiben.
Nicht zuletzt die Veröffentlichung von ChatGPT im November 2022 zeigt, wie schnell der digitale Wandel funktioniert und wie drastisch die Änderungen an den Schulen sein können. Die Digitalisierung ermöglicht aber nicht nur ganz neue Formen des Lernens, sondern auch der Fortbildung.
Die Bedeutung von Social Media hat dabei in den letzten Jahren nicht nur im privaten, sondern auch im professionellen Bereich deutlich zugenommen.

In allen gängigen sozialen Netzwerken haben sich inzwischen Lehrercommunitys gebildet, die einen kollegialen Austausch pflegen. Hier haben sich schulische und länderübergreifende Netzwerke gebildet. Kolleginnen und Kollegen suchen hier neben der eigenen Fortbildung vor allen Dingen auch Anregungen für den eigenen Unterricht und neue Impulse. Teilweise entsteht hier echte Kollaboration, indem Kolleginnen und Kollegen nicht nur Ideen austauschen, sondern direkt ganze Unterrichtsreihen zusammen planen und diese bereitwillig anderen zur Verfügung stellen. Der Austausch ist dabei nicht nur auf den digitalen Raum begrenzt. Bei Bedarf entstehen sogar überregionale Usertreffen. Auf den zwei größten Plattformen Twitter (bzw. inzwischen X) und Instagram haben sich sogenannte Lernnetzwerke gebildet. Über diese Lernnetzwerke kann die eigene Professionalisierung gefördert werden.
Auch der Autor dieses Werks holt sich Inspiration und neue Ideen über Social Media. Zahlreiche der hier vorgestellten Tools stammen dabei aus der (un)regelmäßigen Fortbildung aus sozialen Netzwerken.
Zum Zeitpunkt des Redaktionsschlusses im September 2023 gab es jedoch in einer der größten Lehrercommunitys bei Twitter im sogenannten Twitterlehrerzimmer reichlich Unmut über den neuen Eigentümer dieses Sozialen Netzwerks. Twitter heißt mittlerweile X, hat zahlreiche Neuerungen erfahren, die nicht bei allen Nutzerinnen und Nutzern auf Verständnis gestoßen sind. Deshalb können zum aktuellen Zeitpunkt keine uneingeschränkte Empfehlung zur Anmeldung bei Twitter bzw. X gegeben werden. Als Alternative zum #twitterlehrerzimmer zeichnen sich gerade zwei relativ neue soziale Netzwerke ab: Fediverse bzw. Mastodon sowie Bluesky.

Auch den Autor dieser Handreichung finden Sie in den üblichen sozialen Netzwerken. Viel Spaß bei der Vernetzung!

Instagram: skb_geo
Bluesky: skbgeo
Mastodon: skb_geo

Praxiserprobte digitale Unterrichtsbausteine zu einigen der hier im Buch vorgestellten Anwendungen finden sich zum kostenlosen Download unter digitallearninglab.de.